납작 엎드리기

납작 엎드리기

지은이 | 류응렬
초판 발행 | 2022. 4. 27
7쇄 발행 | 2025. 5. 15
등록번호 | 제1988-000080호
등록된 곳 | 서울특별시 용산구 서빙고로 65길 38
발행처 | 사단법인 두란노서원
영업부 | 2078-3333   FAX | 080-749-3705
출판부 | 2078-3331

책값은 뒤표지에 있습니다.
ISBN 978-89-531-4212-1 03230

독자의 의견을 기다립니다.
tpress@duranno.com www.duranno.com

두란노서원은 바울 사도가 3차 전도여행 때 에베소에서 성령 받은 제자들을 따로 세워 하나님의 말씀으로 양육
하던 장소입니다. 사도행전 19장 8-20절의 정신에 따라 첫째 목회자를 돕는 사역과 평신도를 훈련시키는 사역,
둘째 세계선교(TIM)와 문서선교(단행본·잡지) 사역, 셋째 예수문화 및 경배와 찬양 사역, 그리고 가정·상담 사역 등을
감당하고 있습니다. 1980년 12월 22일에 창립된 두란노서원은 주님 오실 때까지 이 사역들을 계속할 것입니다.

류응렬 지음

위기를 기쁨으로 바꾸는
가장 지혜로운 선택

납작 엎드리기

두란노

목차

납작 엎드림은 기도다. 기도를 통해 위기를 돌파하는 것이 납작 엎드림의 비밀이다. 저자는 지성과 감성과 영성이 조화를 이룬 탁월한 학자이고 열정적인 설교자이며 훌륭한 목회자다. 나는 그런 저자의 설교를 들을 때마다 가슴이 뛴다. 저자의 복음에 대한 열정과 선교에 대한 헌신 때문이다. 저자의 설교는 영혼의 외침이다. 저자의 설교는 성도를 깨우며 거룩하게 만든다. 무엇보다 하나님께 나아가도록 돕는다.

《납작 엎드리기》는 저자가 심장으로 쓴 책이다. 저자는 이 책에서 성경에 등장하는 기도의 사람들을 소개하고, 우리를 납작 엎드려 기도하게 한다. 따라서 이 책은 보석과도 같다. 기도를 통해 위기를 기회로 만들기 원하는 분들에게 이 책을 추천한다. 아울러 기도를 통해 벼랑 끝에서 비상하기를 원한다면, 하나님과 더욱 친밀한 교제를 원한다면, 회복을 넘어 부흥을 꿈꾼다면 이 책을 읽어 보기 바란다.

강준민 | L.A. 새생명비전교회 담임목사

'당신이 메시지입니다.'

류응렬 목사님을 두고 하고 싶은 말입니다. 류 목사님은 학생 시절이나 교수 시절은 물론, 목회하는 지금까지 한결같이 겸손하고 순수하며 성실하고 따뜻해서 말로나 글로 대할 때마다 존경스럽습니다. 그런 류 목사님의 저서 《납작 엎드리기》는 성경 말씀이 그분의 삶을 통해 생활화, 활성화된 메시지의 모음입니다. '기독교는 기도 교'라고 말한 이 책의 한 대목만 봐도 놀라운 통찰이 엿보입니다. 기도에 대한 메시지 뿐만 아니라 기도를 통해 실제 체험한 기적의 이야기들도 큰 울림을 줍니다. 더 많은 사람이 예수 생명의 약동과 흐름을 감지하고 감동과 도전을 받기 바라며 이 책을 추천합니다.

권성수 | 대구동신교회 담임목사

인간의 가장 지고한 신앙의 태도가 있다면 하나님 앞에 엎드리는 것입니다. 존경하고 사랑하는 동역자요 학자이신 류응렬 목사님이 몸으로 체득한 기도의 본질을 이 책에 담아 냈습니다. 공허한 언어나 차가운 신학이 아니라 온몸으로, 가슴으로 꾹꾹 눌러 담았기에 감동을 더합니다. 책의 문장과 단어마다 기도자의 고뇌와, 그런 기도자를 맞아 안아 주시는 하나님의 마음이 담겨 허투루 읽고 지나갈 수가 없습니다. 책을 읽는 내내 하나님을 만나는 설렘과 그분의 마음을 발견하는 흥분을 지울 수 없습니다.

앤드류 머레이는 겸손을 "내게 일어난 일들에 대해서 이상하게 생각하지 않는 태도다"라고 말했습니다. 삶은 온통 질문이지요. 인간은 풀리지 않는 인생의 질문들로 하나님 앞에 징징거릴 뿐이지만, 하나님은 그런 우리의 기도를 통해 높고 깊은 그분의 경륜을 보게 하십니다. 우리를 기도 속에서 설득해 가십니다. 류 목사님의 《납작 엎드리기》에서 우리는 기도를 통해 역사를 써 내려가시는 하나님의 경이로움을 보게 될 것입니다. 여전히 풀리지 않는 삶의 질문들로 나아가고 있다면 이 책의 일독을 강력하게 권합니다.

송태근 | 삼일교회 담임목사

하늘의 주인이 이 땅에 오셨습니다. 납작 엎드려 사람 중에 종이 되셨습니다. 류응렬 목사님은 그런 주님을 닮고자 합니다. 그리고 이 책에서 그 주님을 선포합니다. 자기 비움의 영성이 체질화된 류 목사님의 메시지는 한결같이 십자가 죽음과 부활, 복음이 핵심입니다.

지금은 설교의 홍수 시대라 할 만합니다. 그럼에도 많은 이웃이 진리의 생수에 목말라합니다. 이 책은 그런 이들에게 좋은 소식(good news), 복음으로 다가올 것입니다. 너무 서두르지 말고 여유 있게, 겸손하지만 확신에 찬 이 종의 목소리에 귀 기울이기를 바랍니다.

류 목사님의 말처럼 이 시대를 사는 우리가 납작 엎드릴 수 있다면 팬데믹의 위기를 넘어갈 지혜를 발견할 것입니다. 이 어두운 광야에서 건너편에 있는 약속의 무지개를 볼 것입니다. 그리고 주님의 다시 오심을 열망하며 '마라나타'를 외치게 될 것입니다! 그런 소망으로 이 팬데믹의 시대에 기력을 잃은 동역자들과 성도들에게 일독을 권합니다. 일어나 책을 읽을 힘조차 남아 있지 않다면 그저 납작 엎드린 채 이 책을 읽어 보기 바랍니다.

이동원 | 지구촌교회 원로목사, 지구촌목회리더십센터 섬김이

《납작 엎드리기》라는 책 제목이 류응렬 목사님답다는 생각을 했습니다. 목차를 펼쳐 각 장의 제목을 보면서도 같은 생각이었습니다. 그동안 제가 만나고 교제해 온 류 목사님은 강단 위에서나 아래에서나 같은 분인데, 글도 그런 것 같습니다.

이 책은 사람들의 눈길을 끌기 위해 화려한 미사여구로 장식한 글이 아닙니다. 평소 류 목사님이 마음에 간직하고 부르짖던 내용들을 그대로 담은 책이라서 더 신뢰가 갑니다. 류 목사님은 성경에 등장하는 다양한 인물의 삶과 위기, 그리고 그 위기를 통과하고 하나님 앞으로 나아가는 모습을 통해 우리가 이 시대에 왜 납작 엎드려야 하는지, 왜 기도해야 하는지 놀라운 통찰로 이야기합니다.

코로나19라는 전에 없던 사태로 힘겨운 시대를 살아가는 우리 모두에게 이 책이 큰 위로와 은혜가 될 줄 믿습니다. 이 귀한 책을 기쁘게 추천합니다.

이찬수 | 분당우리교회 담임목사

아무리 좋은 것을 보아도 마음에 담지 않으면 스쳐 지나가지만, 내 마음에 담긴 것은 누가 주목하지 않아도 눈에 들어옵니다. 이 책에서 류응렬 목사님은 성경 속 납작 엎드린 사람들을 주목했습니다. 그들의 삶을 면밀하게 살피고, 그들이 하나님 앞에 겸손히 엎드릴 때 어떤 은혜를 받았는지 집요하게 추적하고 있습니다.

어쩌면 류 목사님 스스로가 낮은 곳에 처할 줄 아는 분이기에 이 책을 펴낼 수 있었을 것이라고 생각합니다. 납작 엎드릴 줄 아는 분이기에 성경 속 납작 엎드린 사람들이 눈에 들어왔을 것입니다. 류 목사님은 가난했던 한국의 어느 시골에서 힘겨운 유년 시절을 보냈지만, 은혜의 주님을 만났습니다. 그 후로 류 목사님은 엎드릴수록 주님이 높여 주시는 삶을 살았습니다. 지금은 미국 한인 교회 중 가장 영향력 있는 교회의 담임목사가 되었지만, 그의 자세는 한결같이 낮습니다. 납작 엎드려 성도를 높이고, 하나님을 높이며 살아가고 있습니다.

류 목사님의 삶과 글이 드디어 하나가 되어 만났습니다. 류 목사님과 가장 어울리는 책이 세상에 나왔습니다. 성도라면 반드시 읽어 봐야 할 책입니다. 두 발로 지탱하고 서 있기조차 힘겨운 이 시대에 자력이든 타력이든 납작 엎드려져 지금을 살아 내고 있는 이 땅의 모든 이에게 이 책을 강력히 추천합니다.

최병락 | 강남중앙침례교회 담임목사

모든 문제는 기도를 이길 수 없다

어느 때보다 기도가 절실하다. 하늘을 울리는 기도는 마른 여름날 쏟아지는 소나기와 같다. 죽은 영혼이 소생하고, 살아난 영혼이 하나님의 거룩한 제자로 탄생하는 비결이 하나님 앞에 납작 엎드리는 기도다. 죽음의 두려움으로 벌벌 떨던 제자들이 생명을 걸고 사명을 향해 달려갈 수 있었던 원동력도 기도였다.

한국 교회도 마찬가지다. 모든 것이 부족했던 한국 교회였지만, 우리에게는 기도의 눈물로 마룻바닥을 적신 흔적이 있다. 한국 교회는 일제강점기와 한국 전쟁의 포화 속에서도 하늘을 울린 눈물의 기도로 세상을 놀라게 했다. 오늘날 모두가 위기라고 말하는 이때에 위기를 극복하고 기쁨의 생수를 마실 수 있는 가장 지혜로운 선택 역시 기도다. 기도하면 영혼이 살아나고 교회가 일어난다.

기독교는 기도 교다. 모든 것이 풍족해도 기도가 부족하다면 영적 빈혈에 걸린 것이다. 오늘날 한국 교회도, 이민 교회도 기도의 수혈이 절실하게 필요하다. 영적 광야를 걷는 한국 교회가 기도의 무릎을 꿇을 때 하늘에서 내리는 만나를 체험할 것이고, 사방이 막힌 홍해 앞에서 주님을 만날 것이다. 기도한다고 세상이 바뀌지 않을 수도 있다. 그러나 기도함으로 하나님을 체험하고 내가 변화된다면 캄캄한 동굴을 지날 때에도 언젠가 만날 한 줄기 빛을 노래할 것이다.

이 책에서는 위기에 처한 인물들이 어떻게 기도로 현실을 돌파했는지 살피면서 오늘날 우리에게 들려주시는 하나님의 음성을 듣고자 한다. 그들의 기도는 하나님을 향한 절대 믿음과 의존에서 나오는 간절한 간구와 이해할 수 없는 현실 앞에 안타깝게 내뱉는 탄식으로 나타나기도 하고, 때로는 일촉즉발의 위기 앞에서 하나님의 도움을 구하는 절규와 상황을 초월하여 하나님을 신뢰하며 부르는 사랑의 송가로 들리기도 한다. 그들의 기도와 노래에 귀를 기울여 보면 힘을 내라는 주님의 속삭임이 있고, 흐르는 눈물을 닦아 주는 위로가 있고, 우리의 손을 붙들어 일으켜 세우는 격려가 있다. 하나님은 오늘도 겸손하게 무릎 꿇는 자에게 당신의 얼굴빛을 비추고 자비로운 손을 내미시는 사랑의 아버지시다.

지난 2년, 온 세상은 코로나19 팬데믹으로 고통했다. 그러나 바이러스보다 더 위험한 것은 영적 팬데믹이다. 개인의 신앙도, 교회도 영적 무기력으로 아파하고 있다. 이대로 주춤하고 주저앉아서 이 위기가 지나가기만을 기다릴 수 없다. 현실의 장벽을 뚫고 다시 한번 힘찬 날개를 펴쳐 비상해야 할 때다. 하나님은 납작 엎드리는 사랑하는 당신의 자녀와 교회를 반드시 새롭게 빚어 가실 것이다.

책을 엮으며 고마운 분이 많다. 출간을 제안해 준 출판사 관계자분들과 깊은 울림의 추천사로 격려해 주신 목사님들께 고마움을 전한다. 아울러 사랑과 기도로 긴 세월 좋은 목사로 빚어 가 주시는 우리 교회 성도님들에게 참 감사하다. 하나님의 은혜가 아니면 내 어찌 한 순간인들 호흡할 수 있겠는가.

2022년 4월

류응렬

PART
1

엎드림의 기도

납작 엎드림보다
최선은 없다

기도보다 더 정확하고
확실한 능력은 없습니다

_ 창세기 18:16-33

코로나 시대를 보내면서 제가 담임하고 있는 와싱톤중앙장로교회 성도들을 대상으로 설문조사를 했습니다. 그 내용을 보니 팬데믹 중에도 85퍼센트의 성도가 매주 온라인과 오프라인으로 예배에 참여해 주었고, 가끔 참여한 분도 10퍼센트가 되었습니다. 어려운 중에도 많은 이가 예배를 소중히 여기는 것을 보면서 하나님 앞에 감사했습니다.

팬데믹이 끝난 후 주일 현장 예배에 참석하겠느냐고 한 질문에는 70퍼센트의 성도가 그러겠다고 답해 주었습니다. 24퍼센트는 주로 현장 예배에 참석하고 사정이 생기면 온라인으로 참여하겠다고 답했습니다. 현장이냐 온라인이냐를 떠나 90퍼센트 이상의 성도가 반드시 예배에 참여하겠다고 답해 주어 그것 또한 감사했습니다.

아울러 팬데믹 기간 중 본인의 신앙생활이 어떠했는지도 물었습니다. 30퍼센트의 성도가 이전과 다름없이 꾸준히 신앙생활을 한 것으로 나타났습니다. 놀라운 것은 팬데믹 기간에 오히려 주님과 더 깊은 관계를 가질 수 있었다고 답한 성도가 27퍼센트나 되었다는 사실입니다. 물론 가장 높은 비율인 38퍼센트의 성도가 이전에 비해 소홀하고 게을러진 것 같다고 답했고, 2퍼센트는 팬데믹 기간에 신앙생활을 전혀 하지 못했다고 답했습니다. 한 영혼이 소중한 이때 10명 중 4명이나 되는 사람이 신앙생활에서 멀어진 것은 너무나 안타까운 소식입니다.

저희 교회뿐이겠습니까? 코로나 시대를 보내면서 많은 교회와 가정, 성도의 삶에 위기가 찾아왔습니다. 수많은 사람이 직장을 잃고 일터에서 쫓겨났으며 사업장 문을 닫아야 했습니다. 뜻하지 않게 생활고에 시달리며 깨어지는 가정도 많았습니다. 아이들은 마땅히 받아야 할 교육을 받지 못했고 친구들과 마음껏 뛰어노는 것조차 제한을 받았습니다. 주일이면 당연하게 예배당에 모이던 것이 이제 교회마다 현장 예배를 나오도록 촉구하는 상황이 되었습니다.

어느덧 코로나도 정점을 찍고 이후를 준비해야 하는 때가 다가왔습니다. 우리는 무엇으로 포스트 코로나 시대를 맞이해야 할까요? 어떻게 하면 느슨해진 신앙의 허리띠를 다시 조여 매고 영적 비상을 할 수 있을까요? 성경에 나타난 기도의 용사들을 살펴보면서 그들이 어떻게 위기를 돌파했는지, 우리는 어떤 자세로 이 위기를 돌파하고 비상할 것인지 살펴보고자 합니다.

기독교는 기도로 역사를 일으킵니다

많은 성경의 인물이 위기를 맞았습니다. 그때마다 그들이 영적 돌파구로 삼은 것은 하나님 앞에 엎드리는 삶, 기도하는 삶이었습니다.

사무엘은 적들과의 전쟁을 앞두고 금식하며 기도했습니다. 하나님은 전장에 우레를 보내셨고, 그 우레는 블레셋 군사들의 갑옷을 뚫었습니다. 다니엘의 세 친구는 하나님 앞에 기도함으로 풀무 불에서 살아 나왔고, 다니엘은 기도함으로 사자 굴에서 살아 나온 용사가 되었습니다. 엘리야는 기도함으로 하늘에서 물과 불이 내려 우상을 숭배하던 이스라엘 사람들 앞에서 살아 계신 하나님을 당당하게 보여 주었습니다. 히스기야는 기도함으로 죽음의 위기에서 15년의 생명을 연장 받았습니다. 다윗은 전쟁을 앞두고 언제나 "주님, 제가 전장으로 나아갈까요?" 하고 물으며 하나님이 나아가라 하시면 나아가고, 멈추라 하시면 멈추었습니다. 그들은 일사각오의 정신으로 늘 기도하며 살아 계신 하나님의 영광을 높인 사람들이었습니다.

주님의 제자들은 어땠습니까? 그들은 예수님이 십자가에 못 박혀 돌아가신 후 늘 벌벌 떨면서 두려워했습니다. 그러나 오순절 마가의 다락방에서 기도함으로 성령이 임했고, 세상을 변화시키는 자들로 변화 받았습니다. 그래서 사도행전의 역사가 일어난 것입니다.

초대교회가 부흥하자 교회 안에 갈등이 생겼습니다. 그때 제자들이 돌파구로 삼은 것 역시 기도였습니다. 이렇듯 신앙의 위대한 선배들은 모두 기도함으로 영적 위기를 돌파했습니다.

'기독교는 기도 교'입니다. 기독교는 기도함으로써 역사를 일으킵니다. 인생의 주인은 우리가 아니라 하나님이십니다. 주인 되신 하나님께서 역사하실 때 그 통로로 기도가 쓰임을 받는 것입니다. 한국 교회도 기도로써 오늘까지 놀라운 성장의 역사를 이루어 왔습니다. 새벽을 깨우신 예수님, 그 예수님을 따라서 새벽기도하는 나라는 어딜 가도 한국 교회밖에 없습니다. 장로는 누구고 권사는 누구입니까? 새벽같이 예배당에 나와 엎드려 기도하던 사람들입니다.

한국에 있을 때는 여름밤에 기도원을 다니며 집회에 참여하곤 했습니다. 얼마나 많은 사람이 그 한밤에 기도원으로 나왔는지 모릅니다. 함께 만나기로 한 사람을 찾기도 어찌나 어렵던지요. 지금처럼 휴대전화가 상용화되지 않았던 때였기에, 전날 전화 통화를 해서 시간이며 위치까지 세세하게 약속하지 않으면 못 만나기 십상이었습니다. 그렇게 많은 사람이 모여 밤을 새워 기도했습니다. 그뿐입니까? 제가 공부하고 가르쳤던 신학교에는 산 곳곳에 기도할 수 있는 처소가 준비되어 있었습니다. 그곳에서는 밤이 새도록 누군가가 기도하는 소리가 들리곤 했습니다. 그들은 기도로 한국 교회를 깨운 사람들입니다.

2020년 8-9월 우리 교회에서는 'Rebuild, 다시 세우라!'는 주제로 금요 비상기도회를 가졌습니다. 코로나로 인해 예배당 안으로 들어가지 못하는 상황이었기에 야외 주차장에서 기도회를 했습니다. 어떤 분들은 차 안에서, 어떤 분들은 시멘트 바닥에 무릎을 꿇고 금요일 저녁에 기도의 불꽃을 피웠습니다. 어른들은 물론 어린아이들까지 전 성도가 간절한 마음으로 하늘을 향해 부르짖을 때마다 하나님은 하늘의 문을 여시고 은혜를 부어 주셨습니다. 정말이지 생생한 기적의 현장이었습니다.

한 어르신이 기억납니다. 그분은 이 땅을 떠나기 전에 하나님 앞에 예배 한번 드리고 가면 좋겠다고 고백했었지요. 그런데 기도회에 참석하시고는 이제 하나님이 부르셔도 소원할 것이 없다며 행복해하셨습니다.

수천 년 전이든 오늘날이든 우리가 할 일은 기도뿐입니다. 우리가 기도할 때 살아 계신 하나님은 하늘의 문을 여시고 친히 우리에게 다가오십니다. 그렇다면 우리는 과연 어떻게 기도해야 할까요? 성경 속 가장 위대한 믿음의 용사이자 기도의 용사, 아브라함의 기도를 살펴봅시다.

▌기도는 하나님과의 친밀한 관계에서 나옵니다

하나님이 아브라함과 사라를 찾아와 그들과 약속하십니다.

"내년 이맘때… 네 아내 사라에게 아들이 있으리라" 창 18:10

그들은 24년 동안 가나안에 거하면서 오늘을 기다려 왔습니다. 드디어 하나님의 약속이 임한 것입니다.

하나님이 또 이런 말씀을 하십니다.

"여호와께서 이르시되 내가 하려는 것을 아브라함에게 숨기겠느냐" 창 18:17

하나님은 당신이 하시려는 일, 그 속마음을 아브라함에게 보여 주길 원하셨어요. 아브라함이 하나님 앞에 요구한 것이 아닙니다. 그런데 왜 하나님은 아브라함에게 이런 이야기를 하신 걸까요? 둘 사이가 얼마나 친밀한지를 보여 주고자 하신 것입니다. '친밀함'은 아브라함의 기도에서 발견되는 첫 번째 키워드입니다. 하나님과의 친밀함이 있었기에 대화 같은 기도가 가능한 것이지요.

목회를 하다 보면 여러 곳에서 추천서를 부탁받곤 합니다. 저와 함께 사역하던 목사님의 추천서를 쓸 때는 절대 한두 장으로 끝나지 않습니다. 적어도 세 장, 많게는 여섯 장까지 추천서를 써 본 적도 있습니다. 그러나 잘 모르는 분이 추천서를 부탁해 오면 한 장 이상 쓸 이야기가 없습니다. 그분에 대해 잘 모르기 때문이지요. 그럴 때는 꼭 그분과 한 주 또는 한 달 정도 어떤 모양으로든지 교제를 한 후에 추천서를 쓰곤 합니다.

아브라함은 하나님과 영적으로 깊은 교제가 있었어요. 친밀감이 있었습니다. 그러나 아브라함이 본래 이런 사람은 아니었습니다. 그는 하나님의 부르심을 받아 약속의 땅 가나안으로 갔지만, 그곳에 기근이 오자 바로 애굽으로 이동해 버렸습니다. 그뿐입니까? 그는 약속의 아들을 기다리지 못하고 하갈을 취해 이스마엘을 낳았습니다. 위기를 모면하려고 아내를 누이라고 속이기도 했습니다. 그럼에도 하나님은 많은 것이 부족한 사람 아브라함을 하나씩 빚어 가셨습니다. 그리하여 하나님이 아브라함을 사랑하시는 것처럼 아브라함도 하나님을 깊이 사랑하게 되었지요. 마침내 하나님이 허락하신 아들, 독자 이삭을 하나님께 바치기 위해 길을 떠난 믿음의 명장, 아브라함이 탄생하게 된 것입니다.

기도는 관계에서 나옵니다. 하나님과 얼마나 친밀합니까? 하나님을 전혀 모른 채 기도한다는 것은 마치 아무것도 모르는 사람에게 추천서를 부탁하는 것과 같습니다. 아브라함도 하나님을 깊이 알고 있었기에, 하나님과 친밀했기에 기도의 사람으로 나아갈 수 있었습니다. 우리는 기도하러 하나님께 나아갈 때 이것을 꼭 기억해야 합니다.

코로나로 어려운 시기를 지나면서 가장 어려웠던 것이 무엇인지 물어보면 많은 사람이 사람을 만나지 못한 것, 깊이 교제하지 못한 것이라고 대답합니다. 사랑하는 가족과 이웃을 만나지 못하는 것도 이렇게 갑갑한데, 하나님과 자주 교제하지 않으면서도 아무렇지 않다는 건 어딘가 이상하지 않습니까? 주일예배 후에 일상으로 돌아가 일주일을 보내면서 하나님과 영적으로 깊은 교제가 이루어지지 않는다면, 그러면서도 내 영혼에 아무런 문제의식을 느끼지 못한다면 영적 상태에 빨간 신호등이 켜진 것입니다.

앞서 언급했던 설문조사에서 팬데믹 시기를 지나면서 도리어 하나님과 더 친밀한 영적 교제를 이루었다고 답한 성도들 중에는 자녀와 함께 성경을 필사하며 은혜를 누렸다고 고백한 부모도 있었고, 온 가족과 함께 가정 예배로 주님 앞에 나아갔다고 고백한 가장도 있었습니다. 팬데믹은 아픔의 시간이었지만 하나님 앞에서는 오히려 의미 있는 시간이 되었습니다.

아브라함이 친밀함으로 주님 앞에 나아갔을 때 하나님은 어떤 속마음을 털어놓으셨을까요? 두 가지입니다. 첫째, 아브라함 부족이 장차 강대국이 된다는 것, 둘째, 천하 만민이 그를 통해 복을 받게 된다는 것입니다. 하나님이 이 이야기를 얼마나 아브라함에게 하고 싶으셨겠습니까? 그러나 다음 말씀이 너무 가슴 아픕니다. 소돔과 고모라의 멸망에 대한 이야기입니다.

▌ 사랑할 때 기도합니다

"여호와께서 또 이르시되 소돔과 고모라에 대한 부르짖음이 크고 그 죄악이 심히 무거우니 내가 이제 내려가서 그 모든 행한 것이 과연 내게 들린 부르짖음과 같은지 그렇지 않은지 내가 보고 알려 하노라" 창 18:20-21

하나님은 소돔과 고모라의 죄악을 지켜보셨습니다. 무관심하게 멀리 서서 관망하신 것이 아닙니다. 부르짖음을 들으시고 그들의 곁으로 직접 내려가서 죄악을 보셨습니다. 하나님은 이렇게 우리 삶 가까이로 오셔서 적극적으로 개입하시는 분입니다.

소돔을 멸망시키겠다는 하나님의 말씀을 듣고 아브라함이 어땠을까요? 가장 먼저 사랑하는 조카 롯이 떠오르지 않았겠습니까? 아브라함의 기도에서 발견되는 두 번째 키워드는 '사랑함'입니다. 하나님을 사랑하듯이 사랑할 때 그를 품고 기도할 수 있는 것이지요.

사실 롯은 이런 사랑을 받을 만한 사람이 못 되었습니다. 삼촌을 따라 길을 떠났다가 그 덕분에 거부가 된 사람이 롯입니다. 가축이 너무 많아지자 종들이 서로 싸우기 시작했어요. 그러자 아브라함이 롯에게 말합니다.

"가축이 많아졌으니 네가 원하는 땅을 택하여 떠나렴."

이쯤 되면 롯이 뭐라고 말해야 할까요? "무슨 말입니까, 삼촌. 제가 삼촌 덕에 하나님의 은혜를 받았는데, 여기를 떠나 어디로 가란 말입니까? 꼭 가야 한다면 삼촌이 먼저 좋은 것을 택하시고 남은 것을 제가 택하겠습니다"라고 해야 하지 않을까요? 그러나 롯은 그러지 않았습니다. 자신의 눈에 좋은 것을 택했고, 그곳이 소돔 땅이었습니다.

이런 롯이 적군에게 포로로 잡혀갔다는 이야기를 아브라함이 듣습니다. 아브라함은 "네가 그렇게 의리도 없이 행하니 하나님이 심판하시는 것 아니냐?" 하며 책망하지 않았습니다. 소식을 듣자마자 자기 집에서 훈련한 병사를 이끌고 가 생명을 걸고 롯을 구해 냈습니다. 아브라함은 참 실수도 많이 하고 부족한 사람이었지만, 이런 모습을 보면 의리가 있었던 것 같습니다. 그는 하나님을 향한 믿음으로 자신을 던질 수 있는 멋진 사람이었습니다.

이렇게 롯은 구원을 받았습니다. 그러면 이제는 어떻게 살아야 할까요? 하나님 앞에서 믿음으로 잘 살아야 하지 않겠습니까? 그런데 롯은 소돔 땅이 좋았어요. 그 죄악의 땅에서 세상을 누리며 살아가는 것이 너무나 좋았습니다. 소돔과 고모라의 죄악이 하늘에까지 미치게 되자 하나님이 심판하러 오셨습니다. 그런데 그때 아브라함이 하나님 앞을 가로막고 간청합니다. 자신의 조카 롯을 살리기 위해 기도합니다.

> "아브라함이 가까이 나아가 이르되 주께서 의인을 악인과 함께 멸하려 하시나이까" 창 18:23

하나님은 이미 죄악의 도시를 멸망시키고자 마음을 정하셨습니다. 누구보다 하나님과 친밀했던 아브라함이 그분의 마음을, 뜻을 몰랐을까요? 그러나 그는 간절히 기도했습니다. 롯에게 어떤 자격이 있어서가 아니라 다만 그를 사랑했기 때문입니다. 하나님의 긍휼을 알았기 때문입니다. 그래서 아브라함이 하나님 앞에 간절하게 구하고 있는 것입니다.

사랑하는 형제와 자매를 위한 최고의 선물이 뭘까요? 기도입니다. 살다 보면 나를 부담스럽게 하는 이웃도 있습니다. 그런 이들을 위해 우리가 하나님 앞에서 해야 할 책임이 뭘까요? 그들을 품고 기도하는 것입니다. 그럴 때 하나님이 역사하십니다.

사랑하는 마음은 아브라함의 자세까지도 바꿔 놓습니다. 아브라함은 하나님과 친밀했지만 그분 앞에 쉽게 나아가지 않았습니다. 27절에서 그는 "나는 티끌이나 재와 같사오나"라고 했고, 30절에서는 "내 주여 노하지 마시옵고 말씀하게 하옵소서", 31절에서는 "내가 감히 내 주께 아뢰나이다" 하면서 극도로 주님 앞에 겸손한 자세로 무릎을 꿇고 있습니다. 토마스 아 켐피스(Thomas a Kempis)는 《그리스도를 본 받아》에서 하나님 앞에 기도하는 사람에게 가장 중요한 자세가 '겸손'이라고 했습니다. 겸손은 하나님이 누구신지 아는 사람에게서 나오는 태도입니다. 하나님 앞에서 내가 누구인지를 아는 사람, 진실로 하나님 앞에서 자신을 발견한 사람은 삶의 모든 태도에서 겸손합니다. 하나님은 이런 겸손한 사람의 기도에 귀를 기울이십니다.

▌인내함으로 끈질기게 기도할 때 응답하십니다

아브라함이 어떻게 기도하는지 구체적으로 살펴봅시다. 그는 하나님께 이렇게 호소합니다.

"하나님, 성읍에 의인 50명이 있어도 그들을 멸하시겠습니까? 악인 때문에 의인이 죽는 것은 부당합니다. 하나님은 정의로운 분이 아니십니까?"

그러자 하나님은 말씀하십니다.

"만일 소돔 성읍에서 의인 50명을 찾으면 그들을 위하여 온 지역을 용서하겠다."

아브라함은 잠시 생각하더니 다시 묻습니다.

"만약 5명이 모자라면 어떻게 하시겠습니까? 그 모자란 것 때문에 멸하시겠습니까?"

하나님은 말씀하십니다.

"소돔 성읍에서 의인 45명을 찾으면 멸하지 않겠다."

아브라함이 또 묻습니다.

"의인이 40명 있으면 어떻게 하시겠습니까?"

"당연히 내가 용서하고 그들을 멸하지 않겠다."

"30명의 의인을 찾으면요?"

"멸하지 않겠다."

"20명을 찾으면요?"

"멸하지 않겠다."

"주님 노하지 마십시오. 제가 마지막으로 여쭙니다. 그곳에서 의인 10명을 찾으시면 어쩌시겠습니까?"

"내가 그 10명으로 말미암아 멸하지 않겠다."

아브라함의 기도에서 무엇을 발견했습니까?

세 번째 키워드는 바로 '인내함'입니다. 아브라함은 하나님 앞에서 끝까지 사랑하는 마음으로 인내하며 기도했습니다. 어떻게 그렇게 할 수 있었을까요? 롯을 살려야 한다는 목적이 분명했기 때문입니다. 만약 오늘 주님이 오신다고 생각해 보세요. 아직 믿음이 없는 내 가족이 영원한 지옥에 떨어진다고 생각해 보세요. 사랑하는 자녀가 아직 주님을 모른다면 어떻게 평범한 기도가 나오겠습니까? 생명을 거는 마음으로 주님 앞에서 끝까지 기도하게 될 것입니다.

사실 이런 기도는 하나님의 자비로움을 알기 때문에 할 수 있습니다. 소돔을 멸망하겠다고 하시지만, 하나님의 참 마음은 무엇일까요? 하나님의 목적은 멸망이 아닙니다. 하나님은 한 사람이라도 당신 앞으로 돌아오기를 원하십니다. 그 사실을 아브라함은 알았던 것입니다. 이렇게까지 아브라함이 인내하며 기도했지만, 사실 그보다 더 인내하신 분이 누구입니까? 바로 하나님이십니다. 인내하면서 듣고, 듣고, 또 들으신 하나님. 그러나 하나님은 조금도 피곤해하지 않으십니다. 오히려 우리가 그렇게 기도하기를 기대하십니다. 왜 그렇습니까? 나보다 더, 아브라함보다 더 그들을 살려 주고 싶어 하시는 분 또한 하나님이시기 때문입니다. 우리가 이렇게 인내하며 하나님 앞에 기도할 때 반드시 응답하실 줄 믿습니다.

제가 중국에서 사역할 때 북한에서 온 분들을 많이 섬기곤 했습니다. 한 분이 그곳에서 훈련을 받고 예수님을 만나게 되었어요. 주님을 잘 만난 사람들에게 나타나는 최고의 증거는 다시 북녘으로 돌아가서 가족을 전도하는 것입니다. 그의 어머니가 북녘에 누워 계셨습니다. 그는 다시 북한으로 갔습니다. 그러고는 새벽에 어머니를 깨워 이야기를 꺼냈습니다.

"어머니, 제가 중국에 가서 선교사님들을 통해 예수님을 만났습니다. 하나님을 믿고 구원받으셔야 합니다."

아들의 이야기를 듣자 어머니는 그 자리에서 눈물을 쏟으면서 무릎 꿇고 기도를 올렸습니다.

"하나님, 감사합니다. 하나님, 감사합니다."

그러고는 이런 이야기를 해 주었습니다.

"너희 아버지가 예수 믿는 것 때문에 끌려가서 순교를 당했단다. 지난 40년 동안 말도 못 하고 기도했는데 마침내 하나님이 응답하시는구나."

하나님께서는 우리의 끈질긴 기도에 반드시 응답하십니다. 우리가 끝까지 주님 앞에 나아갈 수 있는 이유가 바로 여기에 있습니다. 우리보다도 하나님이 더 그들을 살리기 원하시고 세상을 구원하기 원하시기 때문입니다.

오늘 아브라함의 기도는 10명에서 그쳤습니다. 궁금하지 않습니까? 왜 조금 더 그 수를 줄이지 않았을까요? 아브라함은 적어도 10명의 의인이 소돔 땅에 있을 것이라고 확신한 것입니다. 그곳에 누가 있습니까? 롯입니다. 그의 아내도 있고, 두 딸도 있습니다. 롯에게는 두 사위가 있었고, 그들의 부모까지 더하면 10명은 됩니다. 그러니 아브라함은 그곳에 적어도 10명은 하나님을 경외하며 살고 있지 않았을까 생각한 것입니다. 그러나 소돔 땅에 하나님이 찾으시는 의인 10명은 없었습니다.

하나님께 쓰임 받는 기도의 통로로 사십시오

저는 아브라함의 이 기도를 묵상할 때마다 이런 생각이 듭니다. '하나님이 우리를 세상에 보내실 때 기대하신 것이 있지 않았을까' 하고 말입니다. 아브라함이 롯과 그 가족만큼은 하나님을 경외하며 살지 않았을까 기대했던 것처럼 말이지요. 그러나 그 10명의 의인을 세우지 못하고 살아가는 롯의 모습이, 우리의 모습이 얼마나 안타까운지요.

자녀가 주님을 모릅니까? 부모가 예수님을 모릅니까? 믿음 없는 가족이 있는데도 기도하지 않고 그저 내 평안에 취해 살아가지는 않습니까? 하나님이 의인을 찾으실 때, 주님이 다시 오실 때 우리는 그분을 만나야 합니다. 하나님을 경외하는 사람, 예수의 십자가를 가슴에 간직한 사람만이 주님을 만날 수 있습니다.

하나님은 그 땅에 의인이 몇 명 있는 줄 정확히 아셨습니다. 그러나 아브라함이 끝까지 간절한 마음으로 드리는 기도를 들으셨습니다. 하나님 앞에 나아가 기도한다는 것은 믿지 않는 사람들에게는 아무런 의미가 없습니다. 그들은 이렇게 말합니다.

"지금 저 성이 멸망한다면 빨리 뛰어 들어가서 광고를 해서라도 벗어나도록 도와야 하는 것 아닙니까?"

그러나 하나님을 아는 사람에게는 기도보다 더 정확하고 확실한 능력이 없습니다. 하나님은 우리 기도를 통해서 구원해야 할 사람을 구원하십니다.

민족을 품고 기도했던 모세를 기억합니까? 심판받아 마땅한 이스라엘 백성을 위해 하나님 앞에 기도합니다.

"하나님, 이 백성의 죄를 사하여 주옵소서. 그러지 아니하시려면 차라리 제 이름을 생명책에서 지워 주십시오."

바울도 그랬습니다. 하나님을 배신하고 십자가에 못 박았던 유대인을 위해서 그는 이렇게 기도했습니다.

"주님, 제 자신이 저주를 받아 그리스도에게서 끊어질지라도 저의 형제 곧 골육의 친척이 구원받기를 원합니다."

장로교의 기초를 놓았던 스코틀랜드의 존 낙스(John Knox)도 이렇게 기도했습니다.

"하나님 스코틀랜드를 저에게 주십시오. 십자가 복음으로 변화할 수 있도록 해 주십시오. 아니면 차라리 제 생명을 가져가 주십시오."

누가 이렇게 기도할 수 있을까요? 하나님 마음을 아는 사람입니다. 하나님은 나보다 더 이 땅과 인류를 사랑하고 구원하기 원하십니다. 그 마음을 아는 자만이 심장을 내어놓고 기도드릴 수 있습니다.

"하나님이 그 지역의 성을 멸하실 때 곧 롯이 거주하는 성을 엎으실 때에 하나님이 아브라함을 생각하사 롯을 그 엎으시는 중에서 내보내셨더라" 창 19:29

기도하는 사람은 반드시 이것을 기억해야 합니다. 끝까지 기도하면 하나님은 반드시 우리보다 먼저 나서서 생명의 역사를 일으키십니다.

이전에 제가 중국 서안에서 사역했을 때의 일입니다. 그곳에는 진시황릉과 함께 엄청나게 큰 왕릉이 있는데, 바로 측천무후의 왕릉입니다. 측천무후는 당나라 시대 황제로, 중국 역사상 유일한 여성 황제입니다. 그는 거대한 산을 만들어 자신의 무덤으로 삼았는데, 지금 그 산 아래에 있는 마을 사람들은 측천무후를 신으로 모십니다. 마귀가 지배하는 마을이다 보니 얼마나 많은 사람이 병들어 죽고, 귀신 들려 죽는지 모릅니다. 제가 찾아갔을 때도 대학생 한 명이 목매달아 죽는 일이 일어났습니다.

그곳에 선교사로 사역하는 장로님이 있었는데, 그분과 함께 홍해라는 청년의 집을 찾아갔습니다. 그동안 이 청년이 두 시간이나 떨어진 교회에 출석했는데, 이제는 병들어 못 온다고 했다는 것입니다. 그래서 찾아간 홍해의 집에서 저는 정말이지 믿을 수 없는 광경에 놀라고 말았습니다. 홍해는 집이 아니라 마구간에 누워 있었는데, 옷 하나 걸치지 않았습니다. 그때가 1월이었고, 외투를 입어도 벌벌 떨릴 정도의 날씨였으니 얼마나 추웠겠습니까? 저는 너무나 안타까워 머플러를 풀어 목에 감아 주려 했습니다. 그랬더니 주변에서는 안 된다고 저를 말렸습니다. 몸을 만져 보니 완전히 불덩이였습니다. 이야기를 들어 보니 마귀가 그 안에 들어가 있다는 것입니다. 그래서 그 추운 날에도 몸이 너무나 뜨거워 아무도 못 만질 지경이 되었다는 것입니다. 청년의 옆을 보니 오물이 흘러나오고, 온몸은 욕창으로 헌 곳투성이였습니다. 눈도 제대로 뜨지 못하고, 말을 하고 싶어도 입이 떨어지지 않았습니다. 그의 어머니는 우리 홍해를 좀 살려 달라고 눈물로 외쳤습니다. 장로님도 제게 홍해를 위해 기도해 달라고 했습니다.

제가 무슨 기도를 할 수 있었겠습니까? 그냥 그를 끌어안고 이 청년을 이렇게 보낼 수 없다고, 긍휼히 여겨 달라고 간절히 기도했습니다. 그리고 나오는데 마음이 너무 아팠습니다. 그래서 주님 품으로 보내야 한다면 따뜻한 밥 한 끼라도 먹여 보내자며 장로님께 내일 다시 오자고 했습니다.

그날 밤, 잠이 오질 않았습니다. 그 젊은 친구가 그렇게 비참하게 죽어 가고 있는 것이 너무나 안타까웠습니다. 마침 12시를 알리는 종소리가 들렸습니다. 저는 장로님을 깨웠습니다.

"장로님, 이 형제는 다른 걸로 해결되지 않습니다. 마귀를 죽여야 합니다. 마귀 잡으러 올라갑시다."

그 밤에 장로님과 측천무후 무덤으로 올라갔습니다. 올라가면서 아내에게 함께 기도해 달라고 메시지를 보냈습니다. 그리고 혹시 제 신변에 문제가 생기면 가족만큼은 전후 사정을 알아야 할 것 같아서 올라가는 과정을 녹음했습니다. 그 녹음 파일을 10년 만에 꺼내 들어 보니 정말 감동적인 내용이 있었습니다. 저와 장로님이 이런 대화를 나눴더군요.

"장로님, 이 마귀가 사람들을 공격할 때 제일 좋아하는 게 틈이지요. 마귀에게도 틈이 있을 겁니다."

"틈이 어딥니까?"

"이 거대한 산을 무덤으로 만들었으니 목 줄기가 틈일 것입니다."

우리는 그렇게 한참 올라갔습니다. 그런데 중간에 거대한 바위산이 나왔습니다. 저와 장로님은 그곳을 목 줄기로 보고 그 바위산을 짓밟으며 "하나님, 마귀의 목 줄기를 비틀어 주옵소서! 홍해를 살려 주옵소서!" 하고 기도했습니다. 찬송하고 기도하며 이 바위 저 바위를 뛰어다니며 기도하는데 얼마나 희열이 넘치던지요.

기도를 마치고 산을 내려오는데 중간쯤에 차들이 올라오고 있었습니다. 울긋불긋 사이렌이 깜빡이고 군인들까지 대동했습니다. 알고 보니 우리가 도굴꾼으로 몰린 것입니다. 장로님과 저는 잡히면 끝장이라는 생각에 정신없이 숨었습니다. 내 인생이 어찌 되는 것인가 싶어 식은땀이 흘러 내렸습니다. 그러던 중에 문득 '우리가 지금 왜 이곳에 있는 것인가, 마귀와 싸우러 온 것 아닌가, 마귀가 극성을 부리는 마지막 순간이구나!' 하는 깨달음이 왔습니다. 저는 장로님과 함께 그곳에서 간절히 기도했습니다. 마음에 평강이 찾아왔고, 찬송이 흘러나왔습니다.

> 내 영혼의 그윽히 깊은 데서 맑은 가락이 울려나네
> 하늘 곡조가 언제나 흘러나와 내 영혼을 고이 싸네
> 평화 평화로다 하늘 위에서 내려오네
> 그 사랑의 물결이 영원토록 내 영혼을 덮으소서
> -'내 영혼의 그윽히 깊은 데서', 찬송가 412장

일주일이 지났습니다. 저는 한국으로 돌아왔고, 장로님한테서 전화가 왔습니다. 홍해를 보러 다녀왔다는 소식이었습니다. 그러더니 감격에 겨워 이야기했습니다.

"목사님! 하나님이 이렇게도 일하십니까? 홍해를 살리셨습니다. 이 아이가 말을 하고 걷고 뜁니다."

그러더니 전화를 바꿔 주었습니다. 수화기 너머 홍해의 목소리가 들렸습니다. 그는 소리를 치면서 "하나님, 감사합니다! 목사님, 감사합니다!" 하며 찬양을 했습니다. 이듬해 홍해를 만나기 위해 그 마을을 다시 찾았습니다. 그와 함께 기도하고 찬양하며 감격스러운 시간을 보내고 돌아왔습니다.

우리가 기도할 때 하나님은 하늘의 문을 여십니다. 겉으로 보기에는 달라지는 것이 없더라도, 내가 기도하는 대로 응답되지 않더라도 우리가 할 일을 믿음으로 끝까지 기도하는 것입니다. 가끔씩 환우들을 만나

기 위해 병원을 찾습니다. 어느 때는 의사한테서 준비하라는 말을 듣습니다. 그러면 그들을 살려 달라 애타게 기도한 것이 허무하게 느껴질 수 있습니다. 그러나 생명은 하나님께 있습니다. 혹여 내일 주님이 나를 부르실지라도 오늘은 간절한 마음으로 기도해야 합니다. 부르신다면 기꺼이 따르겠지만, 땅 위에서 사는 동안 하나님의 은혜를 위해 간구해야 합니다. 그것이 하나님의 긍휼을 아는 사람의 모습입니다.

아브라함이 그랬습니다. 성경 속 가장 위대한 중보기도자, 믿음의 용사로 불리는 그는 매 순간 하나님의 긍휼을 구하며 엎드렸습니다. 하나님은 아브라함의 기도로 생명을 살리셨습니다. 누군가를 위해 기도한다는 것은 나를 위한 일이 아닙니다. 상대에게 기도 받을 만한 자격이 주어져서 하는 것도 아닙니다. 배은망덕했던 롯입니다. 그럼에도 아브라함은 롯을 사랑하시는 하나님의 마음을 알았고, 하나님과 친밀했기 때문에 끝까지 기도할 수 있었습니다.

아브라함의 기도를 가만히 들여다보면 보이는 분이 있습니다. 우리 예수님의 기도가 아브라함의 기도와 같지 않습니까? 죄인인 나, 원수를 삼아도 모자란 나를 위해 주님은 대신 십자가에서 죽으셨습니다. 인간이 그분을 향해 조롱하고 침을 뱉고 멸시할 때 주님은 무엇을 하셨습니까? 하나님께 저들을 용서해 달라고, 지금 저들은 자신이 무엇을 하는지도 모르고 있다고 눈물로 기도하셨습니다. 주님의 눈물의 기도가 있었기에 우리 한 사람 한 사람이 지금 살아서 주님 앞에 있는 것입니다.

이제 우리가 기도해야 할 때입니다. 죄악으로 가득한 세상을 향해서 비난하고 원망하는 것은 누구나 할 수 있습니다. 그러나 주님께 이 땅을 불쌍히 여겨 달라고 간곡하게 기도하는 것은 그리스도인만이 할 수 있는 일입니다. 오늘날 주님은 이런 기도의 용사를 찾고 계십니다. 그 한 사람을 통해 역사를 이루길 원하십니다. 생명 살리길 원하십니다.

무엇을 위해 살겠습니까? 주님 앞에 무릎 꿇고 기도하는 한 사람이 되십시오. 하나님께서 계획하시는 뜻을 이루기 위해 마음껏 사용하시는 기도의 통로로 살아가기를 바랍니다.

눈물의 기도가 하늘 문을 엽니다

_ 사무엘상 7:1-12

　　'에벤에셀의 하나님'이라는 말을 기억합니까? '에벤에셀'은 '도움의 돌'이라는 뜻의 히브리어로, '오늘의 내가 있기까지 모든 것이 하나님의 인도하심이요 은혜입니다'라는 표현입니다.

　이 말이 성경에 등장한 것은 이스라엘 백성이 미스바에서 하나님의 기적을 체험한 후입니다. 그곳에서 하나님은 하늘의 문을 여시고 우레를 발하여 블레셋을 쳐부쉈습니다. 전쟁이 있기 전 이스라엘은 오랫동안 블레셋 사람들에게 침략과 압제를 당했습니다. 그러나 미스바에서 기적 같은 대승을 거둔 후 사무엘이 살아 있던 40년 동안 그들은 더 이상 블레셋의 침략을 받지 않았습니다. 사무엘은 이곳에 기념비를 세웁니다. 이것이 바로 에벤에셀입니다.

"사무엘이 돌을 취하여 미스바와 센 사이에 세워 이르되 여호와께서 여기까지 우리를 도우셨다 하고 그 이름을 에벤에셀이라 하니라" 삼상 7:12

구원 얻는 일은 오직 하나님의 은혜로만 가능합니다. 그러나 구원 이후에 하나님과 얼마나 친밀하게 인격적인 교제를 하는가는 사람마다 다를 것입니다. 우리 삶을 돌아봅시다. 과연 에벤에셀의 하나님을 외치며 찬양할 수 있습니까? 어떤 사람은 이렇게 대답할 것입니다.

"그렇습니다! 하나님이 오늘까지 제 삶을 인도해 주셨습니다. 코로나의 여파로 염려와 걱정이 많아졌지만, 하나님은 저와 제 가정을 건강으로 인도하셨습니다. 비록 학교에는 가지 못했지만 하나님은 학교에서 배울 수 있는 것 이상의 것을 가르쳐 주셨습니다. 에벤에셀의 하나님이 저의 하나님이십니다."

그런가하면 어떤 사람은 이렇게 답할지 모릅니다.

"글쎄요. 아직 저는 에벤에셀의 하나님이 믿어지지 않습니다. 아직 제 삶에는 문제가 많습니다. 근심 걱정이 저를 에워쌉니다. 해결해야 할 문제가 산적해 있습니다. 에벤에셀의 하나님을 찬양하기에 아직 저는 좀 더 주님의 인도를 받아야겠습니다."

이런 사람도 있겠지요.

"정말이요? 에벤에셀의 하나님이라니 그게 정말입니까? 하나님이 저를 오늘 이곳까지 인도하셨다니 그게 무슨 말입니까? 저는 그런 말을 들어 본 적도, 느껴 본 적도 없습니다."

지금 하나님 앞에 어떤 고백을 꺼내 놓든 괜찮습니다. 다만 이 사무엘의 말씀 묵상을 마친 후에는 매 순간 하나님의 도우심의 손길을 체험하기 바랍니다. 우리 삶에 깊이 찾아오셔서 은혜를 주시는 하나님을 만나기 바랍니다. 그 은혜를 체험하기 위해 지금 내게 필요한 것이 무엇인지 깨닫길 원합니다. 천지를 창조하셨을 뿐 아니라 지금도 내 곁에 오셔서 손을 붙들고 인도하시는 에벤에셀의 하나님을 꼭 만나길 바랍니다.

▌ 은혜의 첫 단추는 회개입니다

이스라엘은 강대국 블레셋과의 전쟁에서 대승을 거두었습니다. 그야말로 죽음이 코앞에 닥친 순간이었습니다. 그러나 하나님은 하늘 문을 여셨습니다. 에벤에셀의 하나님이셨습니다.

위기의 때를 지나면서 어떻게 에벤에셀을 고백할 수 있습니까? 사느냐 죽느냐의 갈림길에서 어떻게 하나님의 은혜를 찬양할 수 있을까요? 아무리 에벤에셀을 고백하고 싶어도 차마 입이 안 떨어지지 않습니까? 우리도 지금 팬데믹 위기를 지나고 있습니다. 이 시점에서 어떻게 에벤에셀을 고백할 수 있을까요? 어떻게 하늘 문을 열까요? 그 비결에는 두 가지가 있습니다.

첫째, 회개입니다. 회개는 하나님과 끊어진 다리를 연결합니다. 하나님은 우리가 사는 곳 저 멀리에서 관망하시는 분이 아닙니다. 우리가 회개하는 순간 옆에 와 계시는 분입니다. 성경에는 하나님의 위대한 약속이 등장합니다.

"내 이름으로 일컫는 내 백성이 그들의 악한 길에서 떠나 스스로 낮추고 기도하
여 내 얼굴을 찾으면 내가 하늘에서 듣고 그들의 죄를 사하고 그들의 땅을 고칠
지라" 대하 7:14

하나님 앞에서 죄는 무게감 문제가 아닙니다. 내가 죄인인 줄 모르고
살아가는 영혼의 무딘 감각이 문제일 뿐이지요. 사무엘은 지금 이스라
엘 백성의 영적 상태가 어떤지 잘 알고 있습니다. 약속의 땅 가나안을
정복했던 사람들. 그러나 그들은 얼마 지나지 않아 가나안이 섬기던 이
방 신을 섬겼습니다. 이름만 하나님의 백성이었을 뿐 하나님의 백성다
움과 그 품격을 다 잃어버리고 우상에게 머리를 조아리고 살아가고 있
었습니다. 영적으로 무너진 이 사람들에게 사무엘이 내놓은 처방이 뭘
까요?

"사무엘이 이스라엘 온 족속에게 말하여 이르되 만일 너희가 전심으로 여호와께
돌아오려거든 이방 신들과 아스다롯을 너희 중에서 제거하고 너희 마음을 여호
와께로 향하여 그만을 섬기라 그리하면 너희를 블레셋 사람의 손에서 건져내시
리라" 삼상 7:3

사무엘은 전심으로 하나님께 돌아오려면 두 가지를 하라고 말합
니다. 회개, 그리고 마음을 하나님으로 돌이키는 것입니다. 이것은 근

본적으로 마음의 문제입니다. 하나님을 내 마음의 중심에 모시고 그 앞에서 살아 내는 것입니다. 하나님의 은혜를 체험하는 첫 단추가 회개라는 것입니다. 당시의 상황이 어땠기에 사무엘은 이렇게 회개를 말씀할까요?

"기럇여아림 사람들이 와서 여호와의 궤를 옮겨 산에 사는 아비나답의 집에 들여놓고 그의 아들 엘리아살을 거룩하게 구별하여 여호와의 궤를 지키게 하였더니 궤가 기럇여아림에 들어간 날부터 이십 년 동안 오래 있은지라 이스라엘 온 족속이 여호와를 사모하니라" 삼상 7:1-2

하나님의 법궤가 기럇여아림에 머문 지 20년이 지났다고 합니다. 여호와의 궤란 모세의 십계명이 들어 있는 것으로, 하나님의 임재를 상징합니다. 따라서 이것은 하나님의 성소가 있던 곳, 이스라엘의 첫 수도 실로에 있어야 했지요. 그런데 이 하나님의 궤가 엉뚱하게도 기럇여아림에, 그것도 20년이라는 긴 세월 동안 머물러 있다는 것입니다. 도대체 이게 무슨 일입니까?

그에 대한 답은 사무엘상 4장으로 거슬러 올라갑니다. 블레셋과의 전쟁에서 이스라엘 백성 4천여 명이 죽임을 당합니다. 당시 이스라엘은 청동기 시대에 머물러 있었지만 블레셋은 철기 시대로 넘어가 뛰어난 칼을 가지고 있었던 것이지요. 이스라엘이 전쟁에서 패하자 장로들은 한 가지 계획을 세웁니다. 하나님의 법궤를 가지고 전쟁에 나가는 것입니다. 그러면 가나안 전쟁 때 요단강이 갈라졌던 것처럼, 여리고를 정복했던 것처럼 하나님이 자신들에게 복을 주시고 전쟁에서 이기게 하시리라고 본 것입니다. 그들은 어리석게도 언약궤를 신비한 기적을 일으키는 요술램프처럼 사용했습니다. 하나님을 미신처럼 대했습니다. 이런 자들에게 하나님이 복을 주시겠습니까? 결국 그들은 언약궤를 앞세워 전쟁에 나갔지만 3만여 명의 군사를 잃고 대패했습니다.

어느 때는 언약궤를 앞세워 가니 복을 받았는데, 왜 어느 때는 패배하는 걸까요? 같은 하나님이신데 왜 이렇게 결과가 다릅니까? 이스라엘 백성이 40년 광야 생활을 마치고 가나안 땅으로 들어가던 때만 해도 그들은 정말 하나님을 믿는 세대였습니다. 하나님을 의지했던 이스라엘의 다음 세대만이 약속의 땅에 들어갈 수 있었습니다. 그러나 지금 이스라엘 백성은 어떻습니까? 허울만 하나님의 백성일 뿐, 그들의 가슴속에는 하나님이 안 계십니다. 하나님의 자리를 우상에게 내주었습니다. 그들에게 법궤가 무슨 의미겠습니까? 전쟁에서 진 이유는 군사력의 문제도 있었겠지만, 근본적으로는 영의 문제였습니다. 그들은 영적으로 죽어 있었습니다.

이 어두운 시대에 하나님이 민족 구원을 위해 한 사람을 부르셨습니다. 그가 선지자 사무엘입니다. 사무엘은 이 문제의 핵심을 정확하게 보았습니다. 그는 이스라엘이 계속해서 전쟁에서 지는 근본적 이유는 낮은 군사력이 아니라 영성이 무너져 있기 때문임을 발견했습니다. 사무엘은 그런 이스라엘 백성에게 외칩니다.

"너희가 정말 하나님의 은혜를 체험하길 원하느냐? 하나님이 하늘 문을 여시기를 원하느냐? 전쟁에 승리하고 하나님의 백성으로 살기를 원하느냐? 그렇다면 전심으로 마음을 돌이켜 회개하고 하나님만 섬겨라."

이 말씀에 이스라엘 백성이 반응합니다.

"이에 이스라엘 자손이 바알들과 아스다롯을 제거하고 여호와만 섬기니라" 삼상 7:4

그들은 지금껏 자신들을 지탱하던 우상을 다 내놓았습니다. 자기 삶의 뿌리 같았던 우상을 버리고 하나님께 나아왔습니다.

▌하나님께 지배받지 않으면 세상에 중독됩니다

이스라엘 백성은 어떻게 바알과 아스다롯 신을 섬기고 있었던 걸까요? 그들이 누구입니까? 홍해의 기적을 체험한 하나님의 백성입니다. 사사들을 통해 하나님 말씀을 들었던 택한 백성입니다. 하나님의 이름을 몰랐던 사람들이 아닙니다. 그러나 그들은 하나님을 믿고 그분의 이름을 부르며 살아가면서도 여전히 현실의 문제를 해결받기 위해 세상 신들을 따랐습니다. 기독교를 혼합 종교로 만들어 버렸습니다.

요즘도 이런 사람이 있습니다. 나름대로 하나님을 섬긴다고 하지만 여전히 세상에 마음을 빼앗겨 다른 것을 중심에 모시고 사는 사람입니다. 하나님을 몰라서가 아닙니다. 2021년도 1월, 미국의 조 바이든(Joe Biden) 대통령 취임식에서 실베스터 비만(Silvester Beaman) 목사가 한 기도를 기억합니까? 그는 기도를 마치면서 "다양한 신앙의 이름으로 기도합니다"라고 했습니다. 예수 그리스도의 이름으로 기도한 것이 아닙니다. 목사라는 사람이 나와서 하는 기도의 모습이 그러했습니다. 그뿐만이 아닙니다. 2021년 1월 4일 미국의 117차 국회 개원 기도회가 있었는데, 이때 임마누엘 클리버(Emanuel Cleaver) 하원의원의 기도는 더 기가 막힙니다. 그는 이렇게 기도를 마쳤습니다.

"유일신, 브라마, 다양한 종교에서 다양한 이름으로 불리는 신의 이름으로 기도합니다. 아멘. 아우먼."

'아멘'(Amen)의 'men'을 '남자'를 뜻하는 단어로 보고 남녀평등을 고려한다는 미명 하에 'a-women'을 더했다는 것입니다. 그는 미하원의원이기 이전에 감리교의 목사이기도 했습니다. 그런 이의 기도가 이렇다는 것이 믿어집니까?

이 시대에 바알과 같은 신상을 새겨 놓고 절하며 섬기는 사람은 없겠지요. 그러나 이 시대는 여전히 수많은 우상을 섬기고 있습니다. 하나님을 그 많은 신 중 하나의 신으로 보는 것입니다. 과연 지금 나는 마음을 돌이켜 하나님만을 섬기고 있습니까? 겉으로 보이기에는 기독교인으로 살아가지만 내면 깊숙한 곳도 여전히 그렇습니까? 무엇이 나를 다스리고 있습니까?

하루 종일 내 생각을 사로잡고 있는 것이 무엇인지 생각해 봅시다. 아침에 눈을 뜰 때, 집을 나설 때, 직장 문을 열고 들어갈 때 내 마음을 사로잡고 있는 것은 무엇입니까? 예배자로 교회에 왔지만 그 후에는 어떻습니까? 교회를 나가는 순간부터 그다음 주 교회에 오기까지 마음을 사로잡는 것은 무엇인가요? 성경은 신자의 근본 목적이 하나님의 영광을 구하는 것이라고 말합니다. 먹든지 마시든지 하나님의 영광을 구하라고 합니다. 그런데 예배는 일주일에 한 번 주일에만 드린 후 그다음 내 삶을 온통 다른 것으로 채운다면 과연 그리스도인이라고 할 수 있겠습니까? 주님은 말씀하십니다.

"마음을 돌이켜 하나님께로 향하라!"

박사 과정 학생들을 지도하기 위해 '목회의 돌봄'을 주제로 상담학 강의를 준비한 적이 있습니다. 이와 관련된 책을 읽고 전문가들과 대화를 나누면서 너무 많은 사람이 중독으로 병들어 있다는 것을 알고 놀랐습니다. 중독 문제를 중심으로 다루는 어느 교수님은 제게 이렇게 이야기해 주었습니다.

"목사님, 가만히 살펴보면 중독이 없는 사람이 없어요. 술, 마약, 도박처럼 눈에 보이는 중독이 있는가 하면 인터넷, 인간관계처럼 잘 눈치채지 못하는 중독도 있습니다. 현대인들은 어딘가에 마음을 다 빼앗기고 중독자로 살아가고 있습니다."

그분이 예를 들어 준 중독 중에는 이런 것이 있었습니다. 요즘 SNS를 많이 하지요. 어떤 사람은 자기가 올린 게시글에 '좋아요'가 얼마나 찍히는지에 중독되어 있다는 것입니다. 저는 그런 중독이 세상에 어디 있느냐고 말했습니다. 하지만 어느 기사를 보고는 깜짝 놀랐습니다. 영국의 남성 5명이 히어로 영화의 캐릭터 옷을 입고 마트에 들어가 무차별적으로 사람들을 공격해 쓰러트리는 영상을 찍어 자신의 SNS에 올렸다고 합니다. 그 이유가 '좋아요'를 많이 받기 위해서였다는 것입니다.

하나님의 지배를 받지 않으면 우리는 어딘가에 마음을 다 빼앗깁니다. 무엇에 지배받고 있습니까? 그것을 내려놓으십시오. 하나님의 기적, 하늘 문이 열리고 부어지는 승리의 은혜를 맛보려면 보이지 않는 것까지 끄집어내어 하나님 앞에 내놓으십시오. 그리고 "너희 마음을 돌이켜 하나님께로 향하라"고 하시는 주님의 말씀에 순종하십시오. 이스라엘 백성이 그렇게 회개하고 자신들의 마음을 드렸을 때 하늘 문이 열렸습니다. 회개의 영이 임했습니다.

이스라엘 백성은 하나님의 은혜로 그토록 가고 싶었던 가나안 땅에 들어갔습니다. 그렇다면 그들은 그곳에서 하나님을 마음껏 섬겼어야 합니다. 믿지 않는 이방 사람들에게 하나님을 증거하는 삶을 살았어야 합니다. 그런데 그들은 사명을 다 잃어버리고 세속에 빠졌습니다. 오늘 우리도 다양한 과정을 통해서 각자의 자리로 안내받았습니다. 하나님이 나를 오늘까지 인도하셨다면 거기에는 반드시 하나님의 목적과 이유가 있습니다. 주님이 나를 이곳의 사명자로 부르신 것입니다. 우리는 이곳에서 사는 동안 하나님의 영광을 위해 살아야 합니다.

살다 보니 점점 세상과 동화되어 살아가고 있지는 않습니까? 주일에 교회에 나와 한 시간 예배드리고 그 후의 삶은 그저 한 명의 세속인으로 평범하게 살아가고 있지는 않습니까? 신앙에서 벗어나는 자녀를 보며 부모가 직접 나서서 변명을 늘어놓고 있지는 않습니까? 우리는 청지기일 뿐입니다. 하나님은 내게 자녀를 맡기셨습니다. 말씀으로 신앙을 계승하라고 사명을 주신 것입니다. 그런데 부모로서 그 역할을 감당하지 못한다는 것은 곧 자녀의 신앙을 가로막고 있는 것입니다. 혹시

내 자녀가 "우리 부모님을 보니 하나님은 살아 계신 것 같지 않아" 하지는 않습니까?

만약 여전히 '나는 회개할 것이 없어'라고 생각하는 사람이 있다면, 부디 하나님이 그의 마음을 열고, 영의 눈을 뜨게 하시길 기도합니다. 회개란 죄가 많기 때문에 하는 것만이 아닙니다. 하나님께 가까이 갈수록 회개하게 되는 것입니다. 주님의 찬란한 영광, 거룩함에 가까이 가면 티끌만한 죄에도 몸서리치게 되는 것이 신앙인의 모습입니다. 회개의 거룩한 바람이 불 때 위대한 부흥이 시작됩니다. 하나님은 우리가 회개하며 나아갈 때 하늘 문을 여십니다.

▌기도를 안 하는데 성도라 말할 수 있을까요

위기의 때, 우리는 어떻게 에벤에셀의 하나님을 고백할까요? 하늘 문을 여는 두 번째 비결은 기도입니다. 회개가 우리 잘못을 돌아보며 하나님 앞에 고백하는 것이라면, 기도는 하나님께 전적으로 맡기는 것입니다. 그분의 역사를 기대하고 신뢰하며 나아가는 것입니다.

기독교 역사에 하나님께 위대하게 쓰임 받았던 사람들의 공통점을 보면 모두 기도의 사람이었습니다. 감리교 창시자 존 웨슬리(John Wesley)는 매일 새벽 4시에 일어나서 두 시간 동안 하나님 앞에 나아가 기도했다고 합니다. 마틴 루터(Martin Luther) 역시 "하루 두 시간 기도하지 않으면 그날은 사탄이 이긴다. 나는 너무 할 일이 많기 때문에 세 시간 기도해야 한다"는 명언을 남겼습니다.

오늘날 신앙인들은 참 많은 것을 가지고 있습니다. 모든 게 풍족합니다. 그러나 근본적으로 필요한 것, 영적인 것에는 빈혈증에 걸렸습니다. 하나님 앞에 무릎 꿇는 기도, 눈물의 회개가 부족합니다. 기도가 없는 이 시대 기독교인들을 보면 과연 '성도'라 말할 수 있는가 자문하게 됩니다. 기도가 차올라야 배가 출항할 수 있습니다. 하나님은 기도하는 사람을 통해 역사를 일으키시기 때문입니다. 회개의 무릎을 꿇는 이스라엘 백성에게 사무엘이 말합니다.

"사무엘이 이르되 온 이스라엘은 미스바로 모이라 내가 너희를 위하여 여호와께 기도하리라 하매" 삼상 7:5

사무엘이 온 이스라엘을 미스바로 인도했습니다. 민족 대각성이 일어나는 순간입니다. 마치 느헤미야 때 거룩한 부흥 운동이 일어났던 것처럼, 어린아이부터 어른들까지 모두 모여 하나님 말씀에 귀를 기울였던 그 순간처럼 말입니다.

한 성도님 집에 심방 갔을 때의 일입니다. 4살짜리 아이가 주기도문을 외우고 찬양을 불렀습니다. 어찌나 똑똑하던지 우리 교회 영아부가 아이들을 얼마나 잘 훈련시키는지 알 수 있었습니다. 제가 아이에게 물었습니다.

"코로나로 교회에 가지 못해 많이 속상하지?"

그랬더니 아이가 "교회가 뭐예요?" 하고 되묻더군요. 예수님을 믿고 찬양도 불렀는데, 1년 6개월 동안 교회 예배에 참석하지 못하자 기억이 사라져 버린 것입니다.

온 이스라엘이 미스바에 모였을 때 하나님은 역사하셨습니다. 하나님의 역사는 바람과 같습니다. 바람이 불 때 햇살에 건초 더미를 말린 것처럼, 영적 바람이 불 때 함께 주님 앞에 나아가서 기도해야 합니다. 우리가 기도할 때 역사가 일어납니다. 주님의 제자들이 함께 모여서 간절한 마음으로 기도했을 때 성령이 임했던 것처럼 말입니다.

"그들이 미스바에 모여 물을 길어 여호와 앞에 붓고 그날 종일 금식하고 거기에서 이르되 우리가 여호와께 범죄하였나이다 하니라 사무엘이 미스바에서 이스라엘 자손을 다스리니라" 삼상 7:6

'물을 붓는다'는 표현은 자기 자신을 하나님 앞에 전심으로 드리는 것을 의미합니다. 그들이 했던 기도는 금식 기도였습니다. 전쟁을 앞에 두고 금식한다는 것을 그 누가 이해하겠습니까? 그러나 그들은 육적인 것을 다 끊어 버리고 하나님만 의지했습니다. 지금까지 잘 먹고 잘살아 보겠다고 우상을 섬기던 이들이 아닙니까? 그런 그들이 물을 붓고 금식하며 쉬지 않고 간절히 기도하고 있습니다.

누가 이런 일을 할 수 있을까요? 바로 영의 눈이 열린 사람들입니다. 지금 그들은 전쟁에 대한 해석이 달라졌습니다. 전쟁에서 승리하는 비결은 무기와 전략이 아니라 하나님의 역사임을 깨달은 것입니다. 하나님의 마음이 흡족하실 때 그분의 백성인 우리가 승리할 수 있음을 알게 된 것입니다. 마른 막대기 하나로 바다를 가르신 분, 애굽의 병사들을 수장시키신 분, 그분이 하나님이심을 깨달은 것입니다. 거짓 신앙을 버리고 참된 신앙을 회복하는 그 시점에 말이지요.

회개하고 금식하며 물처럼 자기 자신을 쏟은 그들이 사무엘에게 부탁합니다.

"이스라엘 자손이 사무엘에게 이르되 당신은 우리를 위하여 우리 하나님 여호와께 쉬지 말고 부르짖어 우리를 블레셋 사람들의 손에서 구원하시게 하소서 하니"

삼상 7:8

이스라엘 백성은 사무엘에게 자신들이 구원받게 해 달라고 부탁합니다. 이런 기도는 언제 나올까요? 죽느냐 사느냐의 갈림길에 놓였을 때입니다. 지금 블레셋 적군이 이스라엘 백성의 눈앞에 있습니다. 그런데 이들은 금식하며 하나님 앞에 무릎을 꿇고 모였습니다. 하나님이 아니면 우리는 죽을 수밖에 없다는 갈급한 심정으로 구하는 것입니다. 우리의 삶도 마찬가지 아닙니까? 눈에 보이는 적군뿐 아니라 눈에 보이지 않는 수많은 영적 대적이 우리 주위에 있습니다. 매 순간 하나님의 도우심이 없으면 우리는 넘어질 수밖에 없습니다. 죽느냐 사느냐의 영적 승패 앞에 놓여 있습니다. 그럴 때 하나님 앞에 무릎 꿇고 기도한다면 하나님이 역사하십니다.

▌기도가 없으면 영적 심장이 죽습니다

우리의 치명적 문제가 뭘까요? 기도가 없으면 내 심장이 멎는다는 사실을 모른다는 것입니다. 기도는 호흡과 같습니다. 호흡이 없으면 심장이 멎듯이, 기도가 없으면 영적 심장이 죽습니다. 그런데 수많은 사람이 심장이 멈춘 줄 모르고 살아갑니다. 기도가 없는 것도 문제지만 하나님 앞에 절박한 심정으로 드리는 기도가 없는 것이 더 큰 문제입니다. 거기에서 하늘 문이 열리는데 말이지요.

E. M. 바운즈(Edward M. Bounds)는 《기도의 능력》에서 이렇게 말합니다.

"교회는 더 나은 방법을 찾고 있지만 하나님은 더 나은 사람을 찾고 계신다."

코로나 시대를 지나면서 전략과 계획 모두 중요하지만, 가장 중요한 것은 사람이 바르게 세워지는 것입니다. 그것을 위해서 준비해야 합니다. E. M. 바운즈는 또 "죽은 기도일수록 길다"고 말합니다. 짧지만 살아 있는 기도, 진심이 담긴 기도, 직설적이고 구체적이며 뜨겁고 단순한 기도, 기름부음이 있는 기도를 하라고 합니다. 우리에게는 성령으로 하는 기도가 필요합니다. 하나님은 그렇게 기도하는 한 사람을 찾고 계십니다.

사실 E. M. 바운즈는 짧지만 살아 있는 기도를 하라고 했지만 자신은 매일 새벽 4시에 일어나 세 시간 동안 기도했던 사람입니다. 그는 전능하신 하나님을 향해서 믿음으로 쏘아 올리는 영적인 기도를 했습니다. 과연 우리 생애에 이런 기도를 드려 본 것이 언제입니까? 에벤에셀의 하나님을 체험하지 못했다면 자문해 보기 바랍니다. 주님은 언제나 나와 함께하기를 원하시는데 내 속에 회개의 눈물이 말라 버리지는 않았습니까? 생명을 거는 간절한 기도가 사라져 버리지는 않았습니까? 지금까지 이스라엘의 죄는 태산같이 많았습니다. 그러나 그들이 모든 것을 내려놓고 하나님 앞에 바짝 엎드려 나아갔을 때 하늘 문이 열렸습니다.

"사무엘이 젖 먹는 어린 양 하나를 가져다가 온전한 번제를 여호와께 드리고 이스라엘을 위하여 여호와께 부르짖으매 여호와께서 응답하셨더라" 삼상 7:9

사무엘은 마치 스스로를 태우듯이 진심으로 예배를 드리고 하나님 앞에서 부르짖었습니다. 그때 여호와께서 응답하셨다고 합니다. 우리 하나님은 전심으로 그분을 찾는 자들에게 귀를 기울이시는 분입니다. 무릎으로 드리는 기도는 하늘의 금향로를 채우는 일입니다. 눈물의 기도는 하늘에서 내리는 은혜의 단비를 맞는 비결입니다. 이렇게 기도하는데 하나님이 어찌 가만히 계시겠습니까? 하나님이 응답하시면 승리할 수밖에 없습니다.

"사무엘이 번제를 드릴 때에 블레셋 사람이 이스라엘과 싸우려고 가까이 오매 그 날에 여호와께서 블레셋 사람에게 큰 우레를 발하여 그들을 어지럽게 하시니 그들이 이스라엘 앞에 패한지라" 삼상 7:10

하늘이 열리고 터져 나온 우레에 혼이 나가 버린 블레셋 사람들은 이번 패배로 40년간 이스라엘을 치지 못했습니다. 이것은 하나님이 하늘 문을 여시고 은혜의 빗줄기를 내려 부으신 놀라운 기적의 역사입니다. 이스라엘 백성은 죽음의 역사 앞에서 하나님이 오늘까지 우리를 인도했노라고 고백했습니다. 그들은 에벤에셀의 하나님을 체험했습니다.

에벤에셀의 하나님을 체험하는 비결은 어떤 자격을 갖추는 것이 아닙니다. 더 열심히 사는 것도 아닙니다. 하나님이 아니면 우리에게는 소망이 없음을 아는 것입니다. 절박한 심정으로 하나님 앞에 부르짖는 것입니다. 그때 하늘 문이 열리는 역사가 일어납니다.

팬데믹을 통해 하나님은 우리에게 무엇을 말씀하고 싶으신 걸까요? 우리의 소망이 오직 백신 하나에만 있다면 너무나 안타까운 일 아니겠습니까? 이 엄청난 위기 앞에서 하나님이 우리에게 하시는 말씀을 가슴으로 들어야 합니다.

이스라엘 백성은 지금껏 하나님의 이름을 불렀지만 세상 종교와 우상 앞에 머리를 숙였습니다. 먹고사는 문제 때문에 마음을 다 빼앗겼습니다. 그러나 그들이 마음을 돌이켜 하나님 앞에 전심으로 나아와 기도를 드렸을 때 하늘 문이 열렸습니다.

오늘 우리에게 필요한 것이 바로 이 미스바의 기도입니다. 장소를 말하는 것이 아닙니다. 우리가 선 자리가 어디든 하나님 앞에 전심으로 나아가 모든 것을 쏟아 놓아야 합니다. 그럴 때 각자의 골방이 하나님이 역사하시는 미스바가 되는 것입니다. 이런 미스바가 있을 때 우리 영혼이 다시 소생하고 다시 한번 거룩한 부흥으로 타오를 것이며, 세계

열방이 하나님을 알고 하나님 앞으로 돌아오게 될 것입니다.

주님 앞에 미스바 기도의 주인공이 되십시오. 하나님의 임재와 하늘이 열리는 체험을 하십시오. 열방에 하나님의 살아 계심을 높이는 하나님의 사람이 되길 주님의 이름으로 축복합니다.

엎드림의 선물은
하늘의 기쁨입니다

_ 시편 16:1-11

　　한병철 교수는 저서인 《피로사회》 서두에서 이렇게 말합
니다. 시대마다 고유한 질병이 있는데, 21세기에는 신경성 질환들, 예
를 들어 우울증, 주의력결핍과잉행동장애, 경계성성격장애, 소진증후
군 등이 사람을 무너뜨린다는 것입니다. 특별히 우울증은 이 시대 많은
사람의 영혼을 갉아먹습니다. 왜 이런 우울증이 생겨나는 걸까요?

　한 교수는 이 사회를 '성과사회'라고 표현합니다. 이전 사회가 뭔가
를 해서는 안 되는 '규율사회'였다면 오늘날 사회는 성취와 성공을 향
해 달려가게 만드는 성과 위주의 사회라는 것입니다. 이런 사회에서 살
아간다면 사람들은 이런 생각을 할 것입니다.

　'누구나 할 수 있는 일을 왜 나는 못하는가? 모두가 잘할 수 있다고

하는데 나는 왜 되지 않는가?'

한 교수는 성과 위주의 사회 속에서는 낙심하고 무너지는 사람이 생길 수밖에 없다고 설명합니다. 결국 많은 사람이 탈진 상태에 있는 피로사회가 된다는 것이지요. 피로사회는 자기 자신을 착취합니다. 스스로가 피해자가 되기도 하고 다른 사람을 가해하기도 합니다. 이런 사례가 우리 주위에 얼마나 많은지 모릅니다. 때로는 신앙이 참 좋은 사람도 이런 아픔으로 고민합니다.

우울증으로 힘들어하던 성도님을 심방했을 때였습니다. 그분의 고백을 들으면서 참 마음이 아팠습니다.

"목사님, 제가 예수님을 참 잘 믿고 주님 앞에 바르게 살려고 많이 노력했는데 왜 이런 우울증이 생겼는지 모르겠어요. 우울증에서 벗어나려고 나름대로 많이 노력하고 이성적으로 일어나려고 하는데도 잘 되지 않아요. 밖에 나가기도 싫고 사람들 얼굴 보기도 너무 힘들어요."

성도님과 말씀을 나누고 함께 기도하고 일어나는데 그분이 제게 식사 한번 같이 하자고 하더군요. 처음에는 일정이 있어서 다음에 하자고 양해를 구했는데, 생각해 보니 몇 년 동안 밖에 나가지 못하던 분의 요청이라는 생각에 얼른 다음 일정을 미루기로 하고 지금 바로 나가자고 했습니다. 그분과 식당에서 마주 앉았는데, 얼마나 행복하게 미소를 지으며 이야기하던지요. 마음 같아서는 매주 함께 식사하고 싶은 심정이었습니다.

스스로도 어쩔 수 없는 위기 상황은 누구에게나 찾아옵니다. 누구도 알아주지 않는 아픔과 외로움의 눈물, 고통과 불면의 밤. 이런 시간을 보내야 하는 사람이 어찌 이 성도님뿐이겠습니까? 많은 성도가 그와 같은 아픔 속에서 살아갑니다.

그러나 중요한 것은 우리를 힘들게 하고 무너지게 하는 상황이 아닙니다. 상황만 놓고 보자면 다윗만큼 절망적인 인생이 어디 있겠습니까? 그러나 그는 언제나 기쁨으로 하나님을 찬양했습니다. 그의 수많은 기쁨과 감사의 찬송시를 우리는 성경에서 어렵지 않게 찾아볼 수 있습니다. 과연 그 비결이 무엇일까요? 무엇이 그를 절망의 상황 가운데서도 노래하게 했을까요?

▌위기의 순간 누구에게 피합니까

아브라함과 사무엘의 기도는 장엄했습니다. 생명을 살리고 하늘이 열리는 기적을 체험했습니다. 그런데 다윗의 기도는 느낌이 조금 다릅니다. 그는 하나님 앞에 잠잠히 나아가 무릎을 꿇습니다. 똑같은 위기 상황이지만 그는 조용히 하나님 앞으로 깊이 나아가 간구합니다.

"하나님이여 나를 지켜 주소서 내가 주께 피하나이다" 시 16:1

다윗의 긴급한 상황이 눈에 보입니다. 그는 하나님께 자신을 지켜 달라고, 주님께 몸을 피하겠다고 고백합니다. 어떤 상황인지 자세히 나오지는 않습니다. 우리는 여기서 중요한 것 한 가지를 발견합니다. 어려운 상황이 어떻게, 왜 나에게 닥쳤는지도 중요하겠지요. 그러나 그보다 더 중요한 것이 있습니다. 그런 상황 가운데 나는 누구에게 피하는가입니다.

다윗은 어려운 상황을 만났을 때 하나님 앞으로 나아가는 사람이었습니다. 사실 다윗 같은 사람이 피난처를 찾는다는 것은 참으로 이해하기 어렵습니다. 다윗은 완벽한 사람의 표본 아닙니까? 누구나 본받고 싶어 하는 인물입니다. 그러나 성경은 다윗을 절대로 영웅으로 묘사하지 않습니다. 우리와 성정이 같은 사람, 고통과 아픔을 똑같이 느끼며 그때마다 낙심하고 좌절하며 눈물 흘리는 지극히 평범한 인간으로 묘사하고 있습니다.

그의 어린 시절이 그러했습니다. 사무엘이 차기 왕을 찾아 이새의 집에 방문했을 때였습니다. 그 집안의 첫째 아들부터 일곱째 아들까지 봤는데, 하나님은 그들이 아니라고 말씀합니다. 사무엘이 이새에게 묻습니다.

"이 아들들이 전부입니까?"

이새가 말하지요.

"막내가 있는데 들에 나가서 양을 치고 있습니다."

다윗은 아버지와 형제들에게조차 존재감이 없는 사람이었습니다. 어린 시절뿐만이 아니었습니다. 다윗은 이스라엘의 왕 사울의 사위가 되었지만 기 한번 제대로 펴지 못한 채 늘 장인의 칼날이 두려워 피해 다녀야만 했습니다. 급기야는 적국으로 도망쳐 어떻게든 살아 보겠다고 미친 척했던 사람이 다윗입니다. 아내 미갈에게도 인정받지 못한 비운의 남편이던 다윗은 우리가 생각하는 완벽한 인물이 아니었습니다. 그는 상처투성이에 눈물과 좌절이 넘쳤던 사람이었습니다.

이런 다윗이 골리앗을 무찌르고 장수가 되었습니다. 그리고 이스라엘의 왕이 되었습니다. 수많은 사람의 사랑과 존경과 박수를 한 몸에 받았지만 그렇다고 그의 삶이 평탄해진 것은 아니었습니다. 언제나 죽음의 위기에 놓여 있었지요. 게다가 가지 많은 나무에 바람 잘 날이 없다고, 자식 문제로 늘 골머리를 앓았습니다. 그는 아들 압살롬에게까지 쫓겨 도망 다녀야 했습니다. 한 나라의 왕, 수많은 사람의 추앙을 받은 왕도 이런 위기와 풍파를 만나는데 인생에 위기 없는 사람이 어디 있겠습니까?

그러나 우리는 다윗에게서 위대한 한 가지를 발견할 수 있습니다. 그는 이 모든 아픔을 가지고 하나님 앞으로 나아갔습니다. 그때 하나님은 보석 같은 은혜를 주셨습니다. 하늘의 문을 여시고 그에게 평강을 주신 것입니다. 그뿐만이 아닙니다. 하나님은 그의 마음을 즐거움으로 충만하게 하셨습니다.

꼭 기억하기 바랍니다. 어떤 상황이든 그보다 더 중요한 것이 있습니다. '지금 나는 누구에게 나아가는가? 누구를 바라보는가?'입니다. 오늘 어떻게 위기를 극복했습니까? 하늘의 평강과 기쁨을 누렸습니까?

▌다윗이 말한 복은 하나님과의 관계입니다

다윗은 하나님 앞에 나아가서 어떻게 기도했을까요?

첫째, 다윗은 "여호와여, 당신이 내 삶의 주인이십니다"라고 고백합니다.

> "내가 여호와께 아뢰되 주는 나의 주님이시오니 주밖에는 나의 복이 없다 하였나
> 이다" 시 16:2

이때 '나의 주님'을 뜻하는 히브리어 단어는 '아도나이'입니다. 내 인생의 주인이라는 뜻입니다. 다윗이 누굽니까? 왕입니다. 당시 왕은 그야말로 신적 존재였어요. 나라의 모든 것이 자기 소유라 해도 이상하지 않았습니다. 그런데 다윗은 스스로 신이 되지 않았습니다. 그는 하나님과 자기 위치를 정확하게 아는 사람이었습니다. 하나님이 자기 인생의 주인이심을 분명히 알고 있었습니다.

이어서 다윗은 "주님이 나의 복이십니다"라고 고백합니다. 사람들은 '복'이라고 하면 대부분 외적인 것을 떠올리기 마련입니다. 왕에게도 그런 복이 필요합니다. 군사력도 필요하고, 재물도 필요하고, 안정된 통치력도 필요하겠지요. 그러나 다윗이 말한 복은 그런 것이 아니었습니다. 그가 말한 복은 하나님과의 영적인 교제, 즉 하나님과의 친밀한 관계였습니다.

때로는 주님의 마음을 참 아프게 하고 무너질 때도 있었지만, 이런

다윗을 주님은 지극히 사랑스럽게 바라보셨습니다. 그리고 "내 마음에 맞는 사람"이라고 말씀하셨습니다(행 13:22). 부족한 것투성이라도 하나님을 찾고 사랑하고 주님만이 전부라고 고백하는 다윗을 바라보며 하나님은 감격하신 것입니다.

과연 오늘 하나님이 내게 가장 좋은 것을 주겠다고 말씀하신다면 무엇을 구하겠습니까? 다윗처럼 "주님, 저는 당신 한 분이면 충분합니다. 주님만으로 만족을 누립니다. 주님이 나의 복이십니다"라고 진심을 다해 고백할 수 있습니까? 가슴으로 이 고백을 하는 사람이 부르는 찬송이 있습니다.

주 예수보다 더 귀한 것은 없네

이 세상 부귀와 바꿀 수 없네

영 죽은 내 대신 돌아가신

그 놀라운 사랑 잊지 못해

세상 즐거움 다 버리고 세상 자랑 다 버렸네

주 예수보다 더 귀한 것은 없네

예수밖에는 없네

-'주 예수보다 더 귀한 것은 없네', 찬송가 94장

오직 예수 그리스도를 찾는 사람만이 할 수 있는 고백입니다. 전에 없는 인생의 위기가 닥쳤습니까? 죽음의 위기가 나를 짓누릅니까? 잠잠히 하나님께 고백해 보길 바랍니다.

하나님을 삶의 주인으로 섬기지 않으면 우리는 무엇인가 다른 것을 찾기 마련입니다.

"다른 신에게 예물을 드리는 자는 괴로움이 더할 것이라 나는 그들이 드리는 피의 전제를 드리지 아니하며 내 입술로 그 이름도 부르지 아니하리로다" 시 16:4

왜 다른 신에게 예물을 드릴까요? 좀 더 복을 받기 위해서입니다. 내가 원하는 행복을 추구하기 위해 신을 만들어 가는 것입니다. 누가 이런 일을 합니까? 내가 삶의 주인인 사람입니다. 내 행복은 내가 추구해야 한다고 아등바등하는 것입니다. 그러나 다윗은 달랐습니다.

"여호와는 나의 산업과 나의 잔의 소득이시니 나의 분깃을 지키시나이다" 시 16:5

다윗은 '하나님이 내 산업과 소득'이라고 고백합니다. 똑같이 교회를 다녀도 진짜 신앙인과 종교인은 구분이 됩니다. 신앙인은 하나님을 좋아하고, 하나님 한 분만으로 진정한 기쁨을 누리는 사람입니다. 이런 사람은 하나님과 함께하는 것만으로 행복을 누립니다. 그러나 종교인은 교회를 다니면서 '하나님을 통해 무엇을 얻을까?'에만 관심을 기울입니다. 하나님 그 자체가 아니라 다른 것을 얻으려고 합니다. 행복을 좇기 위해 하나님의 말씀을 따릅니다. 이런 사람들에게 하나님은 우리의 창조주, 구원자가 아니라 내 행복을 만족시켜 줘야 할 신에 불과합니다.

시편 73편에 아름다운 고백이 나옵니다.

"하늘에서는 주 외에 누가 내게 있으리요 땅에서는 주밖에 내가 사모할 이 없나
이다 내 육체와 마음은 쇠약하나 하나님은 내 마음의 반석이시요 영원한 분깃이
시라" 시 73:25-26

인생의 무거운 짐을 져야 할 때, 때로는 도저히 그 짐의 무게를 견딜
수 없을 때 잠잠히 주님 앞에 나아가 이 고백을 해 보기 바랍니다. 우리
가 하나님을 하나님답게 모실 때 하나님도 하나님다운 모습을 우리에
게 보여 주십니다. 하늘의 평강으로 우리 영혼을 만족케 해 주십니다.

▎하나님과 동행하는 사람은 흔들리지 않습니다

둘째, 다윗은 "여호와여, 저는 당신과 매일 동행합니다"라고 고백합
니다.

"내가 여호와를 항상 내 앞에 모심이여 그가 나의 오른쪽에 계시므로 내가 흔들리
지 아니하리로다" 시 16:8

다윗은 자기가 원하는 삶을 살기 위해 하나님을 모신 것이 아닙니다.
'여호와를 내 앞에 모시겠다'는 말은 하나님이 계신 자리에 자기가 있

겠다는 뜻입니다. 하나님을 앞에 모시고 다윗이 항상 그 뒤를 따라갔다는 말씀입니다.

다윗이 전쟁을 치러야 할 때마다 했던 기도가 있습니다. 그는 늘 하나님께 "지금 나아갈까요?" 하고 물어봤습니다. 하나님이 "가라" 하시면 전장으로 달려 나갔습니다. 하나님이 "아니다. 멈춰라" 하면 멈췄습니다. 세상 역사는 전쟁에 세 가지 중요한 것이 있다고 말합니다. 천시, 지리, 인화입니다. 천시, 즉 전쟁을 일으키는 시간이 중요하고, 그보다 더 중요한 것이 지리, 즉 전쟁을 벌이는 장소이고, 그보다 더 중요한 것이 인화, 즉 군사가 한마음으로 일어나는 것입니다. 그런데 다윗은 그보다도 훨씬 더 중요한 것이 있음을 알았습니다. 바로 하나님의 뜻입니다.

누가 죽느냐, 사느냐의 갈림길에서 순간의 상황을 보고 달려가지 않고 이런 기도를 할 수 있겠습니까? 하나님을 전적으로 신뢰하고 그분께 생사를 맡기는 사람입니다. 매 순간 하나님과 동행하는 사람만이 할 수 있는 고백입니다. 평탄할 때야 그 어떤 사랑 고백을 못하겠습니까? 그러나 다윗은 위기 상황에서도 하나님께 먼저 물었습니다. 이런 다윗의 모습을 잘 보여 주는 성경 구절이 있습니다.

"내가 사망의 음침한 골짜기로 다닐지라도 해를 두려워하지 않을 것은 주께서 나와 함께하심이라 주의 지팡이와 막대기가 나를 안위하시나이다" 시 23:4

그러나 이런 다윗도 늘 하나님을 앞에 모셨던 것이 아닙니다. 그 역시 하나님이 보이지 않는 것처럼 여기고 무너진 적이 있습니다. 그 후 다윗은 회개의 눈물을 쏟았습니다. 그리고 발견했습니다. 자신이 죄를 지을 때 하나님이 보이지 않는 것 같았지만 사실은 그게 아니었다는 사실을 말입니다. 그 상황에서조차도 하나님은 여전히 다윗을 지켜 주시고 손을 붙들고 계셨습니다. 다윗은 이 사실을 깨닫고 고백합니다.

"그분이 내 곁에 계시므로 내가 흔들리지 않습니다."

이 말이 얼마나 위안이 되는지 모릅니다. 하나님을 늘 앞에 모시고 살아가면 어떻게 범죄로 무너지겠습니까? 그러나 우리는 죄에 무너지고는 주님이 도무지 보이지 않는다고, 주님이 나를 버린 것 같다고 말합니다. 그러나 아니라는 것입니다. 내가 무너진 처참한 상황이지만 하나님이 곁에서 나를 지켜보고 계십니다. 내 오른손을 붙들고 계십니다. 주님이 내 오른편에 여전히 계시므로 내가 흔들리지 않습니다.

암 투병을 하는 성도님들을 심방하다 보면 자주 듣는 고백이 있습니다. 치료의 결과에 따라 하루에도 몇 번이나 무너지는 자신을 발견하게 된다는 것이지요. 그러면서 자신이 이렇게 연약한 사람인지 몰랐다고 고백합니다. 그 연약한 모습이 우리입니다. 누구든 똑같습니다. 때로는 주님을 붙들 힘도, 기도할 힘도 없어집니다. 저는 그런 성도님을 만나면 부탁합니다. 너무 기도 많이 하려고, 일어나려고 애쓰지 마시라고 말입니다. 수많은 사람이 성도님을 위해 기도하니 그저 '아멘'만 하시라고 말입니다. 그럴 때는 그저 "주님, 누군가 저를 위해 늦은 밤까지 기도할 텐데, 그들의 기도를 들어주세요. 저는 기도할 힘이 없지만 하나님의 신실한 종들의 기도를 들어주세요. 아멘" 하고 기도하면 됩니다.

다윗은 무너진 그 순간에도 하나님과 동행했습니다. 어떻게 그럴 수 있었을까요?

"나를 훈계하신 여호와를 송축할지라 밤마다 내 양심이 나를 교훈하도다" 시 16:7

훈계라는 말을 싫어하는 시대입니다. 훈계를 듣기도 싫어하고 하는 것도 부담스럽습니다. 다윗이 누굽니까? 한 나라의 왕이에요. 왕이 훈계를 들을 사람입니까? 훈계하고 법을 제정하는 사람 아닙니까? 그러나 다윗은 자기 위치를 알았습니다. 하나님을 그분의 위치에 세우고 자기 위치에서 "하나님, 무슨 말씀이든지 하십시오. 제가 듣겠습니다" 하고 고백할 줄 알았습니다. 매일 하나님과 동행할 수 있었던 비결은 매일 말씀으로 살아 냈기 때문입니다. 이처럼 말씀이 기준인 사람은 흔들림이 없습니다.

"주님, 저는 왜 당신을 느끼지 못합니까? 하나님은 어디에 계십니까?" 하고 질문합니까? 이제 이렇게 질문해 봅시다.

"주님, 제가 얼마나 주님과 동행하고 있습니까?"

매일 무릎을 꿇고 있습니까? 주님 말씀을 듣고 그 말씀대로 살고자 발버둥 치고 있습니까? 말씀이 일상이 된 사람, 하나님의 훈계로 자신의 영혼을 매일 새롭게 하는 사람, 주님 앞으로 나아가는 사람에게 하나님의 말씀은 흔들림 없이 세우는 반석이요 등불이 됩니다.

▌기쁨은 하나님께서 부으시는 하늘의 선물입니다

셋째, 다윗은 하나님을 향해 "여호와여, 당신이 내 평생에 기쁨입니다"라고 고백합니다.

"이러므로 나의 마음이 기쁘고 나의 영도 즐거워하며 내 육체도 안전히 살리니"
시 16:9

얼마나 위대한 고백입니까? "나의 영도 즐거워"한다고 했는데, 원어를 보면 '나의 영광'이라고 했습니다. 내 모든 인격과 존재가 주님 때문에 즐거워한다는 말씀입니다. 이보다 더 큰 축복이 어디 있습니까? 하나님을 내 주인으로 모실 때, 하나님 앞에 잠잠히 나아가 말씀과 동행할 때 주어지는 놀라운 하늘의 선물입니다.

이런 큰 축복, 참 기쁨을 누릴 수 있는 이유가 무엇일까요? 다윗은 두 가지를 말합니다.

"이는 주께서 내 영혼을 스올에 버리지 아니하시며 주의 거룩한 자를 멸망시키지 않으실 것임이니이다" 시 16:10

그중 첫 번째는 주님이 우리를 지옥에서 건져 내시고 영원한 생명을 주셨기 때문입니다. 다윗은 몇 번이고 죽음의 위기에 처했지요. 그러나 주님은 그때마다 다윗을 건져 주셨습니다. 신자의 기쁨이 여기에 있습니다. 사형선고를 면제받은 사람이 누리는 기쁨이 이와 같을 것입니다.

두 번째는 하나님은 거룩한 자를 멸망시키지 않으실 것이기 때문입니다. 이게 무슨 말입니까? "주의 거룩한 자"는 하나님의 아들 메시아, 즉 예수 그리스도를 말합니다. 예수 그리스도는 내 생명을 위해 십자가를 지셨지요. 거기서 끝이 아니라 부활하심으로 온 인류의 소망이 되셨습니다. 이것이 큰 기쁨의 이유인 것입니다. 다윗은 구약의 사람이었지만 하나님은 그의 눈을 열어 메시아를 바라보게 하셨습니다. 그는 이 놀라운 사실을 바라보며 감격하며 찬송합니다.

"주께서 생명의 길을 내게 보이시리니 주의 앞에는 충만한 기쁨이 있고 주의 오른쪽에는 영원한 즐거움이 있나이다" 시 16:11

다윗은 주께서 생명의 길을 보여 주셨다고 이야기합니다. 이게 어떻게 위기 상황에 처한 사람이 할 수 있는 고백입니까? 그러나 다윗은 하나님을 피난처로 삼아 그분께 몸을 피한 사람입니다. 하나님을 주인 삼은 사람입니다. 하나님 한 분만으로 만족을 누린 사람입니다. 그런 사람만이 이 위대한 고백을 할 수 있는 것입니다. 하나님을 내 전부로 모시고 그분의 말씀으로 매일 동행하기 원하는 모든 사람에게 이 영광스러운 축복이 주어집니다. 하나님을 참으로 즐거워하면서 하나님 앞에 자기 자신을 드리는 사람을 하나님은 그냥 두고 보지만 않으십니다. 어찌 그냥 두시겠어요? 하늘의 놀라운 축복과 선물을 아낌없이 주실 것입니다. 그것이 하나님의 마음입니다.

얼마 전 저희 교회의 전삼균 권사님이 하나님의 품에 안겼습니다. 평생 하나님의 말씀과 기도로 아름답게 교회를 섬기며 살아온 권사님의 고별 예배 때 저는 권사님이 가장 좋아하시던 찬송과 성경 말씀을 가지고 설교를 준비했습니다. 고별 예배 때 잘 부르는 찬송은 아니지만 그분이 주님을 얼마나 사랑했던지, 밤낮 드리던 찬송이었습니다.

나의 기쁨 나의 소망되시며

나의 생명이 되신 주

밤낮 불러서 찬송을 드려도

늘 아쉰 마음뿐일세

-'나의 기쁨 나의 소망되시며', 찬송가 95장

성경구절도 마찬가집니다. 고별 예배 때 잘 다루지 않는 본문이었지만, 권사님이 가장 좋아하신 데살로니가전서 5장 16-18절로 설교했습니다.

"항상 기뻐하라 쉬지 말고 기도하라 범사에 감사하라 이것이 그리스도 예수 안에서 너희를 향하신 하나님의 뜻이니라"

전 권사님은 이 말씀을 삶으로 살아 낸 분입니다. 그분의 영정사진을 보는데 정말 환하게 미소 짓고 있더군요. 사실 그분의 삶은 그리 평안하게 미소 지을 만한 상황은 아니었습니다. 2007년도에 미국에 오면서 참 많은 고난을 겪었습니다. 그중 하나가 시력이 점점 나빠진 것이었지요. 시력이 좋을 때는 성경을 세 번이나 필사했지만, 점점 시력이 나빠져 글씨를 잘 보지 못하게 되자 컴퓨터로 성경을 필사하곤 했습니다. 한번은 교회에서 성경 필사 행사를 치른 적이 있는데, 그때 전 권사님은 오디오를 들으며 필사에 동참했습니다.

어디에서 그런 힘이 나왔을까요? 평생 주님 앞에 기도하면서 말씀으로 서 있었기 때문이 아닐까요? 전 권사님은 매일 새벽기도의 자리에 나와 부르짖었습니다. 나중에 운전을 못 하게 되었을 때는 매일 새벽에 일어나 집에서 기도했습니다. 그렇게 기도하면서 평생 주님 앞에 서 있었기에 마음에 하늘의 선물을 받아 영원한 기쁨, 하늘의 즐거움을 누리게 된 것 아닐까요?

전 권사님은 딸이 권사 임직을 받을 때 비록 눈은 보이지 않았지만 손 편지를 써 주었습니다. 그분은 편지에 이렇게 썼습니다.

"사랑하는 우리 딸, 하나님의 크신 은혜로 권사 임직을 받는구나. 성도들의 아픔과 괴로움을 가슴에 품고 열심히 기도하는 믿음의 어머니가 되어라."

전 권사님이 걸어오신 삶이 바로 그러했습니다. 육신의 눈은 보이지 않았지만 영의 눈이 열린, 하나님을 사랑하는 사람이었기에 할 수 있는 위대한 고백이었습니다.

다윗은 폭풍 가운데서도 평강을 누릴 줄 아는 사람이었습니다. 평강을 넘어서 하늘의 즐거움, 넘치는 기쁨을 누렸던 사람입니다. 그는 하나님을 자신의 전부로, 주인으로 모셨습니다. 위기의 순간, 죽음의 위협 속에서도 하나님의 뜻을 물으며 말씀과 동행했습니다. 하나님은 이런 다윗을 참 좋아하셨습니다. 무엇인들 아끼고 싶으셨겠습니까? 하나님을 얻은 다윗은 그분께 속한 모든 것을 얻었습니다. 하나님은 그에게 생명의 길을 보여 주셨습니다. 충만한 기쁨, 영원한 하늘의 즐거움을 누리도록 그를 축복하셨습니다.

다윗뿐이겠습니까? 하나님은 하나님을 주인으로 모시는 사람을 가만 두지 않으십니다. 매일의 삶 속에 아픔과 고통, 때로는 불면의 밤을 회개의 눈물로 적시는 아픔 속에서도 "하나님, 제가 당신께 피합니다. 당신께 엎드립니다. 주님만이 제 전부이십니다"라고 고백하며 주님 앞으로 나아가면 하나님은 그 영혼을 깊이 찾아오십니다. 주님이 보이지 않는 것 같은 순간에도 곁에서 나를 지키십니다. 이렇게 주님을 사모하는 모든 사람은 하늘의 기쁨을 누립니다.

팬데믹 시대를 보내면서 주님 앞에 서는 마지막 순간까지 우리에게는 수많은 고난이 펼쳐질 것입니다. 그때마다 잠잠히 주님 앞에 고백하기를 바랍니다. "하늘에는 주님 외에 누가 내게 있으리요. 땅에서는 주님 밖에 내가 사모할 자가 없습니다" 하고 고백하는 자에게 하나님은 하늘의 문을 여시고 평강과 넘치는 즐거움을 부으셔서 우리의 영혼을 만족케 하실 것입니다. 풍랑 같은 인생에 어떤 상황이 펼쳐지더라도 잠잠히 하나님을 바라보며 영원한 기쁨 누리기를 주의 이름으로 축복합니다.

기도하는 자녀를 바란다면
부모가 먼저 엎드리십시오

_ 역대하 20:1-23

청년부를 섬기는 목사님의 사모님과 오늘날 청년들의 상황에 대해서 이야기를 나눈 적이 있습니다. 참 마음이 아팠습니다. 이 시대 청년들은 하나님을 너무나 조그마한 틀에 가두어 놓고 하나님이 그것밖에 되지 않는다고 평가 절하합니다. 그들은 하나님이 내 기도를 들어줄 수 있는 능력이 있으시면 좋겠지만, 그렇지 않으면 스스로 해결해 나가야 한다고 믿습니다. 그들이 믿는 하나님은 너무나 작고 초라합니다. 전능하신 하나님, 능력의 하나님을 모르는 것 같아 얼마나 안타까운지 모릅니다.

청년들만의 이야기겠습니까? 이 시대 사람들은 쉽게 "하나님을 믿습니다"라고 고백하지요. 그런데 지금 내가 고백하는 하나님이 천지를 창조하신 분, 우리를 구원하신 분, 아낌없이 나를 사랑하시는 분이 맞습니까? 그 하나님이 지금 나와 함께하시고, 지금도 내 기도에 응답하시며, 하늘의 능력을 보여 주실 수 있는 분임을 믿습니까? 혹시 하나님을 수천 년 전 과거에 역사하신 분으로만 생각하고 있지는 않습니까?

과거 우리의 부모 세대만 해도 시대적으로 참 어려운 때를 살았습니다. 그 어려움을 뚫고 하나님 앞에 나아가야 했습니다. 인생의 문제 앞에서 하나님이 아니고는 구할 곳이 없었습니다. 그랬기에 믿음으로 이겨 낼 수 있었습니다. 당시는 간절하게 하나님께 매달렸고 그때마다 하나님은 응답하셨습니다.

최근 고(故) 김옥라 장로님의 간증을 들었습니다. 당시 103세의 나이였음에도 아주 건강한 모습으로 이야기를 잘하셨습니다. 그녀는 일제 강점기와 한국전쟁을 겪었다고 했습니다. 죽을 고비를 몇 번이나 넘겼으면서도 하나님이 오늘까지 인도해 주신 인생이라고 고백했습니다. 이런 고난을 겪은 분은 비단 김 장로님만이 아닙니다. 고난의 역사, 어려운 이민사를 다 겪은 성도님들이 저희 교회에 참 많이 계십니다. 그분들의 이야기를 들어 보면 한 시대를 기적으로 이끄신 하나님의 능력을 찬양하게 됩니다.

그러나 오늘날은 하나님의 능력을 믿는 것 자체가 참 어려운 시대입니다. 예수님은 "인자가 올 때에 세상에서 믿음을 보겠느냐"(눅 18:8) 하고 말씀하셨지요. 예수 그리스도를 믿는 것이, 하나님의 능력을 믿는 것이 정말 어렵다는 사실을 보여 주는 말씀입니다. 오늘날은 부족함 없이 누리는 시대입니다. 절박함, 갈급함이라는 단어가 사라져 가고 있습니다. 믿음으로 달려온 부모를 보고 자란 지금의 청년 세대에게는 간절함이 보이지 않습니다.

특히 한국은 참 잘사는 나라가 되었지요. 안정된 사회에서 우리의 피할 곳이 많아졌습니다. 이제는 위기가 닥쳐도 기도하려고 하지 않습니다. 다른 곳으로 피합니다. 예전에는 갈급하게 기도하던 우리 부모 세대도 점점 잘사는 나라, 안정된 사회에 적응해 가고 있습니다. 갈급함이 사라지니 진정한 기도가 나오지 않습니다. 기도 없는 부모에게서 기도하는 자녀가 나올 리 없습니다. 기도를 가장 잘 배울 수 있는 선생님은 부모이기 때문입니다.

그렇다면 우리는 자녀에게 어떻게 기도하는 삶을 가르칠 수 있을까요? 성경 인물 중 여호사밧은 하나님 앞에 바로 서기 위해, 무엇보다 기도로 서기 위해 노력했던 사람입니다. 그러나 그는 하나님 앞에 완벽했던 모세나 사무엘과는 달랐습니다. 실수도 많았습니다. 때로 그의 모습은 오늘을 사는 우리와 다를 것 없어 보일 정도입니다. 그럼에도 하나님은 그런 여호사밧을 축복하셔서 부귀와 놀라운 축복을 다 누리게 하셨습니다. 여호사밧의 삶을 통해 부모로서 우리가 자녀에게 어떤 기도의 유산을 물려줘야 할지 배워 보고자 합니다.

▌ 인생의 위기 앞에서 엎드리는 법을 가르치십시오

우리가 자녀에게 물려줘야 할 첫 번째 기도의 유산은, 위기 앞에서 먼저 하나님 앞에 엎드리게 해야 한다는 것입니다.

여호사밧은 유다의 4대 왕으로, 35살에 즉위하여 25년 동안 이스라엘을 통치했습니다. 그의 이야기는 하나님 앞에 의로웠던 왕의 소개로 시작합니다. 그는 다윗의 길을 따라서 하나님의 말씀대로 살기 위해 애쓴 왕이었습니다. 우상을 물리치고 백성에게 하나님의 말씀을 가르치려고 성경 선생을 파송해서 가르치기도 했습니다.

그런데 여호사밧은 자신의 영광이 최고에 달했을 때 엄청난 실수를 합니다. 아합과 화친을 맺고 서로 아들과 딸을 주고받는 정략결혼을 한 것입니다. 아합이 누구였지요? 북이스라엘의 왕으로, 우상을 섬기고 악하기로 소문이 났던 인물입니다. 그런데 여호사밧이 신앙적 원리가 아닌 정치를 위해 그런 아합과 사돈을 맺었습니다. 당연히 하나님은 이 일을 기뻐하시지 않았습니다.

아합이 나가는 전투에 여호사밧이 함께 나가게 되었습니다. 그런데 그 전장에서 아합은 적이 쏜 화살에 맞아 죽었습니다. 여호사밧도 죽을 고비를 만났지요. 하지만 하나님 앞에 간절히 기도함으로 구원을 얻었습니다. 그제야 여호사밧이 정신을 차리게 되었어요. 하나님 앞에 바르게 쓰임 받아야겠다고 생각했습니다. 여호사밧은 모든 백성을 하나님 앞으로 인도하기 위해 최선을 다했습니다. 재판장에게는 사람 앞에서 재판하지 말고 하나님 앞에서 올바른 재판을 하도록 촉구했습니다. 백성이 하나님을 경외할 수 있도록 이끌었던 왕, 참 선하게 움직였던 왕, 그런 여호사밧을 보시고 하나님이 얼마나 기쁘고 행복하셨겠습니까? 그런데 어느 날 하늘이 무너지는 소식이 들려옵니다.

"그 후에 모압 자손과 암몬 자손들이 마온 사람들과 함께 와서 여호사밧을 치고자 한지라" 대하 20:1

모압, 암몬, 마온 자손이 동맹을 이루어서 쳐들어온다는 것입니다. 동시에 수많은 적군이 여호사밧을 치기 위해 오고 있다는 소식을 들었습니다. 한 나라를 책임지는 왕이라면 이 상황을 어떻게 대처해야겠습니까? 백성에게 비상사태를 선포하고 군사를 모으고 전략회의를 해야 하는 것 아닐까요? 그러나 여호사밧은 의외의 행동을 합니다. 군사를 준비하는 것이 아니라 하나님 앞으로 나아가 무릎을 꿇습니다. 기도의 자리로 나아간 것입니다.

"여호사밧이 두려워하여 여호와께로 낯을 향하여 간구하고 온 유다 백성에게 금식하라 공포하매 유다 사람이 여호와께 도우심을 구하려 하여 유다 모든 성읍에서 모여와서 여호와께 간구하더라" 대하 20:3-4

결정적인 순간에 무엇을 바라봅니까? 우리의 신앙은 거기에 달려 있습니다. 평소에는 믿음으로 사는 듯하다가 결정적인 상황이 닥치면 상식으로, 이성으로 돌아가는 사람이 얼마나 많습니까? 평소에는 그렇게 믿음을 부르짖으면서 결혼할 때, 직장을 구할 때, 자녀를 양육할 때, 인생의 결정적인 선택을 해야 할 때 우리는 세상 원리를 따라가고 맙니다. 그러나 여호사밧은 달랐습니다. 위기 속에서 하나님께 나아가 간구했습니다.

당시는 이스라엘의 많은 백성이 우상을 섬겼습니다. 그런 가운데 여호사밧은 왕으로서 어떻게 하나님 앞으로 나아갈 수 있었을까요? 자신만이 아니라 온 백성이 함께 기도하도록 이끌 수 있었을까요? 그는 아버지이자 이스라엘의 선대왕인 아사에게서 기도의 삶을 배웠습니다. 아사 시대에 위기가 닥친 적이 있습니다. 구스 사람 세라가 백만 군대를 이끌고 쳐들어온 것입니다. 그때 아사는 죽음의 위기 앞에서 이렇게 기도합니다.

"아사가 그의 하나님 여호와께 부르짖어 이르되 여호와여 힘이 강한 자와 약한 자 사이에는 주밖에 도와 줄 이가 없사오니 우리 하나님 여호와여 우리를 도우소서 우리가 주를 의지하오며 주의 이름을 의탁하옵고 이 많은 무리를 치러 왔나이다 여호와여 주는 우리 하나님이시오니 원하건대 사람이 주를 이기지 못하게 하옵소서 하였더니" 대하 14:11

성경 전체를 놓고 보더라도 정말 아름다운 기도입니다. 아사는 이 전쟁이 사람의 싸움이 아니라 하나님의 싸움이라는 것을 알았습니다. 그리고 이런 아버지 아사를 통해서 여호사밧은 어떤 왕이 진정 강한 왕인지 본 것입니다. 그저 드높은 권력을 가진 것이 아니라, 하나님 앞에 겸손하게 무릎 꿇고 자신의 연약함을 고백하며 은혜를 구하는 왕, 백성을 하나님 앞에 올려 드리는 왕, 기도하는 왕이 진정 강력한 왕이라는 것을 알게 된 것입니다. 아버지의 뒤를 이어서 한 나라의 왕의 자리에 있지만, 그 위에는 진정한 왕, 하나님이 계시다는 것을 인정한 것입니다.

부모인 우리가 사랑하는 자녀에게 남겨야 할 유산이 바로 이것입니다. 한 나라의 왕도 그 위에 진정한 왕이신 하나님을 인정하며 간절히 기도했듯이, 우리도 온 우주 만물의 진정한 왕이신 하나님 앞에 무릎 꿇고 기도해야 함을 자녀에게 가르쳐야 합니다. 그러려면 먼저 부모가 기도해야 합니다. 기도하는 부모에게서 기도하는 자녀가 나옵니다.

여호사밧의 기도를 가만히 보세요. 아버지의 기도가 그대로 녹아 있음을 알 수 있습니다.

"우리 하나님이여 그들을 징벌하지 아니하시나이까 우리를 치러 오는 이 큰 무리를 우리가 대적할 능력이 없고 어떻게 할 줄도 알지 못하옵고 오직 주만 바라보나이다 하고" 대하 20:12

이것이 왕으로서 할 수 있는 고백입니까? 온 백성과 군대가 벌벌 떨어도 왕은 선두에 나아가 당당히 진두지휘해야 합니다. 큰소리로 승리를 외치며 달려나가야 합니다. 그런 왕이 지금 "하나님, 우리는 아무런 힘이 없습니다. 오직 주님만 바라봅니다" 하고 기도합니다. 모르는 사람이 들으면 저런 무능한 왕이 어디 있느냐고 손가락질을 해댈 수도 있습니다.

그러나 여호사밧은 그 누구의 눈치도 보지 않았습니다. 사람의 시선을 의식하지 않았습니다. 오직 전능하신 하나님, 능력의 하나님 앞에 겸허하게 나아가고 있습니다. 이렇게 자신을 내려놓고 솔직하고 겸손하게 자신의 연약함을 고백하는데 하나님이 어찌 응답하시지 않겠습니까?

여호사밧의 기도에는 놀라운 점이 하나 더 있습니다.

"유다 모든 사람들이 그들의 아내와 자녀와 어린이와 더불어 여호와 앞에 섰더라" 대하 20:13

여호사밧의 기도는 온 백성을 기도의 자리로 이끌어 왔습니다. 어떻게 이런 일이 가능합니까? 하나님 앞에 기도하면 반드시 응답하신다는 절대 확신이 있었기 때문에 가능했던 일입니다.

한국은 기도로 유명한 나라지요. 한국 교회는 기도의 아름다운 흔적을 가지고 있습니다. 그 옛날 새벽을 깨우며 기도하고 금요일 밤을 지새우며 기도했던 성도들. 그러나 지금의 젊은이들은 어떻습니까? 새벽기도, 철야기도는 어머니, 아버지 세대의 기도라고 생각하는 청년들이 얼마나 많은지 모릅니다.

우리 교회에서 코로나 시대를 이겨 내기 위해 금요일마다 야외 주차장에서 비상 기도회를 갖고 기도로 하늘을 울렸습니다. 기도회를 마칠 즈음, 부모를 따라 나온 아이가 이런 말을 하더군요.

"목사님, 앞으로 5주 동안 더 기도하면 좋겠어요."

그 아이는 금요 철야가 무엇인지도 몰랐을 것입니다. 그렇지만 이 기도회를 통해서 무엇을 배웠겠습니까? 삶에 위기가 다가올 때 기도하던 어머니, 아버지. 비가 오는 날, 그 어두운 하늘을 향해서 간곡하게 올려드리던 기도. 그 기도 소리가 가슴속에 남아서 언젠가 그들 인생에도 같은 먹구름이 몰려올 때 가슴을 울리지 않겠습니까?

지금 어떤 자세로 하나님께 기도하고 있습니까? 기도하는 삶을 사랑하는 자녀에게 가르치고 있습니까? 위기가 닥쳐왔을 때 세상으로 돌아가는 것이 아니라 하나님 앞에 겸허하게 무릎을 꿇어야 한다고, 그럴때 하나님께서 역사하신다고 가르치고 있습니까?

김병태 목사님은《기도하는 자녀는 결코 망하지 않는다》에서 이렇게 말합니다.

"아무나 자녀교육의 1인자가 될 수는 없다. 그러나 누구나 자녀를 위한 기도의 1인자는 될 수 있다."

김 목사님은 이 책에서 네 가지 기도의 삶을 강조합니다.

1. 자녀에게 먼저 하나님을 알게 하라.

2. 자녀를 거룩한 기도의 사람으로 세워라.

3. 기도하는 자녀는 결코 망하지 않는다.

4. 자녀에게 감동을 주는 기도의 부모가 되라.

청소년 사역자로 잘 알려진 홍민기 목사님은《자녀교육에 왕도가 있다》에서 이 시대 자녀교육의 문제는 다름 아닌 부모라고 비판합니다. 부모가 신앙적으로 자녀를 교육하지 못하고 세상적 원리로 세상 성공을 따라 성적 위주로 교육시키는 것이 가장 큰 문제라는 것입니다. 신앙을 가르쳐야 할 부모가 도리어 자녀의 신앙을 가로막는 가장 중요한 이유가 되고 있습니다. 홍 목사님은 이렇게 말합니다.

"세상적 교육법과 가치관을 버리면 하나님이 보일 것이다. 하나님은 예수 믿는 사람다운 자녀교육을 원하신다."

신앙적으로 교육할 때 자녀는 세상 속에서 흔들리지 않고 하나님의 사람으로 설 수 있습니다. 세상과 동화되어 살아가지 않고, 어그러진 세상을 하나님의 사랑과 진리로 교화시켜 아름답게 만드는 주님의 제자로 클 수 있습니다. 내 자녀를 이런 가치관으로 가르치는 부모가 되어야 합니다.

췌장암 투병을 하는 집사님이 있습니다. 검사할 때마다 약 1밀리미터씩 암 크기가 줄어들고 있다고 합니다. 정말 감사한 일입니다. 그러나 우리는 이런 생각도 하지요. '하루아침에 확 줄어드는 기적이 벌어진다면 더 감사할 텐데.' 그러나 집사님은 이렇게 이야기합니다.

"하나님께 얼마나 감사한지 모르겠습니다. 제가 한번에 나아 버리면 자식들이 기도를 멈출 텐데, 엄마가 아프니 날마다 간절히 기도합니다. 제 육신의 질고 때문에 기도의 무릎을 꿇는 자식들을 보면서 하나님께 날마다 감사하다고 말씀드리고 있습니다."

얼마나 위대한 고백입니까? 지극히 어려운 때를 지나고 있는 성도들이 많습니다. 저는 그분들을 만나면 "하나님이 반드시 풍랑을 이기게 하실 것입니다. 우리가 함께 기도하면 하나님이 육신의 질고를 이겨 내고 건강을 되찾게 해 주실 것입니다" 하고 축복합니다. 그러면서도 한편으로는 이런 부탁도 합니다.

"지금 사랑하는 자녀가 인생의 위기를 이겨 내고 있는 부모를 보고 있습니다. 이 위기 앞에서 우리 부모님이 어떻게 했는지 지켜보고 기억할 것입니다. 주님 앞에 간곡하게 엎드려 기도합시다."

부모가 바라보는 하나님이 자녀의 가슴속에 새겨질 하나님의 모습입니다. 부모가 위기 앞에서 주님 앞에 간절하게 기도하며 이겨 낸다면 자녀 역시 위기 앞에서 기도할 것입니다. 비록 어려운 상황은 안타깝지만 하나님은 언젠가 다 이기게 하실 것입니다. 위기는 위기로 끝나지 않습니다. 위기는 자녀를 진정 하나님의 사람으로 세울 기회입니다. 우리가 그렇게 이 위기를 이겨 낸다면 하나님께서 영광 받으실 것이고 모든 것을 합력해서 선을 이루실 것입니다. 우리가 이렇게 기도한다면 훗날 우리 자녀가 어떻게 고백하겠습니까?

"위기에서 우리 아버지, 어머니를 구하셨던 하나님, 그 절망의 순간 내 부모님 곁에 계셨던 하나님, 이제는 제가 그 하나님 앞에 엎드립니다. 은혜를 주십시오."

꼭 기억하십시오. 기도하는 부모가 기도하는 자녀를 만듭니다.

▌주신 말씀과 약속을 가슴에 심어 주십시오

우리가 자녀에게 물려줘야 할 두 번째 기도의 유산은, 하나님의 말씀을 붙잡고 기도하게 해야 한다는 것입니다.

기도는 막연하게 하는 것이 아닙니다. 들으시는 하나님이 계시기 때문이지요. 하나님은 약속의 하나님이십니다. 우리에게 주신 말씀과 약속이 성경에 있습니다. 그 약속의 하나님을 바라보고 하는 것이 바로 기도입니다.

여호사밧은 어떤 하나님을 믿었을까요?

"이르되 우리 조상들의 하나님 여호와여 주는 하늘에서 하나님이 아니시니이까 이
방 사람들의 모든 나라를 다스리지 아니하시나이까 주의 손에 권세와 능력이 있사
오니 능히 주와 맞설 사람이 없나이다" 대하 20:6

여호사밧은 천지를 창조하신 하나님, 홍해를 가르신 하나님, 능력의
하나님을 믿었습니다. 그가 적군이 쳐들어오는 순간에 전쟁을 준비하
기보다 먼저 무릎 꿇을 수 있었던 이유는 전능자 하나님을 그대로 믿었
기 때문입니다. 여호사밧은 하나님이 하셨던 두 가지 말씀을 기억하고
있었습니다.

"우리 하나님이시여 전에 이 땅 주민을 주의 백성 이스라엘 앞에서 쫓아내시고
그 땅을 주께서 사랑하시는 아브라함의 자손에게 영원히 주지 아니하셨나이까"

대하 20:7

하나는 아브라함에게 하신 약속입니다. 지금 자신들이 서 있는 이 땅
이 하나님이 약속하셨던 땅, 당신의 임재가 있는 땅, 주님의 보호가 있
는 땅이라는 것입니다. 그런데 지금 그 땅을 적군이 침략하려고 하니
지켜 달라고 합니다.

또 다른 하나는 솔로몬에게 하신 약속입니다.

"만일 재앙이나 난리나 견책이나 전염병이나 기근이 우리에게 임하면 주의 이름이 이 성전에 있으니 우리가 이 성전 앞과 주 앞에 서서 이 환난 가운데에서 주께 부르짖은즉 들으시고 구원하시리라 하였나이다" 대하 20:9

이 구절은 솔로몬이 성전을 세우고 했던 기도문을 상기시킵니다. 지금 여호사밧은 하나님께 그때 그 약속을, 위기를 맞았을 때 우리가 기도하면 그 기도를 듣고 구원하겠다고 하셨던 약속을 기억해 달라고 간절한 마음으로 호소하고 있습니다.

부모가 자녀에게 들려줘야 할 기도가 바로 이것입니다. 전능하신 하나님이 무슨 일을 하셨는지 말씀에 근거해서 기도하는 모습을 우리 자녀들의 가슴에 심어 주어야 합니다. 신앙의 위기란 하나님의 말씀과 역사를 잊어버릴 때 다가옵니다. 이스라엘 백성도 홍해를 가르신 하나님을 잊어버렸을 때, 하늘에서 내린 만나를 잊어버렸을 때 하나님 앞에서 배역했습니다.

이민 생활을 하다 보면 오늘까지 하나님이 행하신 놀라운 일들을 가슴에 간직하게 됩니다. 하나님이 날개에 우리를 업어 태평양을 건너게 하셨습니다. 험난한 길, 비바람이 몰아치는 길에서도 온몸으로 지켜 여기까지 인도하셨습니다. 그러면서 사랑하는 자녀를 주시고 아름답게 키울 수 있도록 이끄셨습니다. 어디 이민 생활뿐이겠습니까? 누구나 가슴을 따뜻하게 하는 하나님과의 이야기를 간직하고 살아갑니다. 우리에게 그런 이야기가 있다면 그것을 내 자녀에게도 남겨 주어야 합니다. 자녀의 가슴에도 그 이야기를 심어 주어야 합니다.

우리 교회 2층에 있는 다음 세대 공간에는 그들을 위해 성경 구절 하나를 써 놓았습니다.

"우리가 이를 그들의 자손에게 숨기지 아니하고 여호와의 영예와 그의 능력과 그가 행하신 기이한 사적을 후대에 전하리로다" 시 78:4

다음 세대에 신앙을 전수하는 것, 바르게 가르쳐 주는 일은 우리 삶에 아주 중요합니다. 누가 이런 일을 할 수 있겠습니까? 하나님이 행하신 이야기를 가슴에 새긴 사람들입니다.

우리 교회의 이승헌 장로님이 주님의 부르심을 받았습니다. 돌아가시기 하루 전에 뵌 장로님은 참으로 평온한 모습으로 천국을 소망하고 있었습니다. 그렇게 모든 기도에 고개를 끄덕이고 "아멘"하시며 주님 품으로 가셨습니다. 그분은 살면서 늘 감사하셨습니다. 몸이 좋지 않을 때도 감사하고, 지팡이를 짚어야 했을 때도 감사했습니다. 한번은 이 장로님의 아들을 만나게 되어 "아버지를 생각하면 무엇이 가장 먼저 떠오르느냐"고 물은 적이 있습니다. 두 가지가 떠오른다고 하더군요. 새벽이면 어머니와 함께 기도로 하루를 시작하신 것과 저녁이면 정성껏 성경을 필사하시던 모습이라고요.

이 장로님이 살아 계실 때 딸의 암 투병으로 힘든 시기를 보낸 적이 있습니다. 그때 이 장로님은 조금도 흔들림 없이 하나님이 함께하신다는 말씀과 함께 기도로 딸에게 용기를 주었습니다. 그 일 이후 이 장로님의 딸은 암을 이겨 냈습니다. 그뿐만 아니라 예수님을 만나 참 신앙을 갖게 되었습니다. 하나님 앞에 온전히 서게 된 것입니다. 딸은 고백합니다. 하나님의 능력을 의지하는 아버지를 보고 암을 이겨 낼 수 있었다고 말이지요.

자녀교육에 관심 없는 사람이 어디에 있겠습니까? 가장 위대한 자녀교육법은 무엇일까요? 부모로서 자녀에게 남겨 주어야 할 것은 무엇입니까? 말씀을 기억하고 그 말씀으로 살아 낸 삶을 가슴에 심어 주는 것, 세상 앞에 서되 하나님께 부름 받은 영적 아들과 딸로서 담대하게 서도록 가르치는 것, 그것이 가장 행복하고 보람 있는 인생이라는 것을 가르치는 것입니다.

▎ 하나님은 친히 싸우시는 분임을 믿게 하십시오

우리가 자녀에게 물려줘야 할 세 번째 기도의 유산은, 하나님을 절대 신뢰하며 기도하게 해야 한다는 것입니다.

기도에서 가장 중요한 것은 하나님을 진실로 신뢰하는 것입니다. 기도는 그 내용이나 응답의 여부보다 대상이 중요합니다. 기도한 대로 응답받으면 감사한 일이지요. 설령 'No'라는 응답을 받아도 여전히 감사한 일이에요. A를 구했는데 B를 주셔도 감사한 일이고, 기다리라는 응답을 주셔도 감사한 일입니다. 왜 그렇습니까? 내 기도를 듣고 계시는 분이 하나님이시기 때문입니다. 물론 내가 원하는 것이 이 땅에서 이루어진다면 감사하겠지요. 그러나 그것보다 더 나은, 최고의 기도 응답이 있습니다. 하나님을 가슴에 소유하는 것입니다. 하나님을 얻은 사람이 되는 것입니다. 그러니 그 어떤 기도 응답보다 기도의 대상이 소중한 것입니다. 이런 사람들은 하나님을 정말로 신뢰하며 기도합니다. 여호사밧이 그랬습니다. 그런 그의 기도에 하나님이 어떻게 응답하셨을까요?

> "… 너희는 이 큰 무리로 말미암아 두려워하거나 놀라지 말라 이 전쟁은 너희에게
> 속한 것이 아니요 하나님께 속한 것이니라" 대하 20:15b

하나님께 속한 전쟁에는 승리의 비결이 따로 있습니다. 하나님을 전심으로 신뢰하며 나아갔던 여호사밧. 하나님은 그를 참 사랑하셔서 이 사실을 다시 한번 확신시켜 주십니다.

> "이 전쟁에는 너희가 싸울 것이 없나니 대열을 이루고 서서 너희와 함께한 여호와
> 가 구원하는 것을 보라 유다와 예루살렘아 너희는 두려워하지 말며 놀라지 말고 내
> 일 그들을 맞서 나가라 여호와가 너희와 함께하리라 하셨느니라 하매" 대하 20:17

여호사밧은 "여호와가 너희와 함께하리라"는 말씀을 그대로 믿었습니다. 하나님을 신뢰하며 전장으로 나아갔습니다. 찰스 스탠리(Charles F. Stanley)가 한 말이 있습니다.

"모든 전쟁을 무릎으로 싸워라. 그러면 매번 승리할 것이다."

"여호사밧이 몸을 굽혀 얼굴을 땅에 대니 온 유다와 예루살렘 주민들도 여호와 앞에 엎드려 여호와께 경배하고 그핫 자손과 고라 자손에게 속한 레위 사람들은 서서 심히 큰 소리로 이스라엘 하나님 여호와를 찬송하니라 이에 백성들이 아침에 일찍이 일어나서 드고아 들로 나가니라 나갈 때에 여호사밧이 서서 이르되 유다와 예루살렘 주민들아 내 말을 들을지어다 너희는 너희 하나님 여호와를 신뢰하라 그리하면 견고히 서리라 그의 선지자들을 신뢰하라 그리하면 형통하리라 하고" 대하 20:18-20

이 대목을 읽으면 누가 전쟁 상황이라고 하겠습니까? 여호사밧과 그의 백성은 하나님을 예배하고 찬송했습니다. 적진을 향해 나아가는 군대 맨 앞에 정예부대가 아니라 찬양대를 세웠습니다.

"백성과 더불어 의논하고 노래하는 자들을 택하여 거룩한 예복을 입히고 군대 앞에서 행진하며 여호와를 찬송하여 이르기를 여호와께 감사하세 그의 인자하심이 영원하도다 하게 하였더니" 대하 20:21

그뿐만이 아닙니다. 그들은 하나님의 이름을 찬양하고 감사를 올려 드렸습니다. 이미 전쟁에서 승리를 거둔 것처럼 말이지요. 이것은 여호사밧과 그 백성의 믿음이 어땠는지를 보여 줍니다. 하나님 말씀을 그대로 믿고 달려간 것입니다. 이쯤 되면 하나님이 역사를 행하실 때겠지요.

"그 노래와 찬송이 시작될 때에 여호와께서 복병을 두어 유다를 치러 온 암몬 자손과 모압과 세일 산 주민들을 치게 하시므로 그들이 패하였으니" 대하 20:22

여호사밧과 백성이 찬양할 때 하나님의 놀라운 역사가 일어났습니다. 이스라엘이 칼 한번 빼지 않았는데 적들이 나가떨어졌습니다. 하나님이 친히 싸우셔서 적들을 물리쳐 주셨습니다. 여호사밧이 빼든 것은 날카로운 철의 칼이 아니라 기도의 칼이었습니다. 하나님을 진실로 믿고 약속에 의지하여 하나님께 간구했던 여호사밧, 그가 온 백성과 함께 기도하고 찬양할 때 하나님은 친히 하늘 문을 열어 주셨습니다.

여호사밧의 기도는 아버지에게서 배운 것이었습니다. 아버지가 믿은 하나님을 그대로 믿고 기도했던 여호사밧. 자녀는 부모의 흔적을 기억합니다. 사랑하는 자녀에게 어떤 부모로 남기를 원합니까? 자녀가 어떤 아버지였노라고, 어떤 어머니였노라고 기억하기를 원합니까?

한 권사님 딸의 결혼식 주례를 하게 되었습니다. 참 아름답게 잘 살아온 자매였어요. 그녀가 이렇게 고백하더군요.

"내 생애 가장 존경하는 분은 우리 어머니입니다. 매일 옷장 속에 들어가서 간절한 마음으로 하나님 앞에 기도하시던 어머니를 기억합니다. 그 어머니의 눈물, 땀, 헌신으로 제가 오늘까지 왔습니다."

어머니의 기도 위에서 살아온 딸의 고백. 우리가 위기 앞에서 주님 앞에서 기도하면 내 자녀, 손자, 손녀가 그 모습을 기억할 것입니다. 그들의 삶에 어떤 위기가 찾아오더라도 흔들림 없이 하나님 앞에 기도하며 이겨 나가게 될 것입니다. 기도하는 무릎을 다시금 세우는 부모가 되기를 바랍니다. 우리의 자녀가 주님 오시는 그날까지 하나님의 사람으로서 세상에 견고하게 나아가 하나님의 영광을 구하기를 주의 이름으로 축복합니다.

PART
2

돌이킴의 기도

고난은 중심을
바꾸라는 신호다

5장 아삽:

그때도 하나님은 나를 붙드셨습니다

_ 시편 73:22-28

2021년, 세계인의 마음을 아프게 했던 사건이 있었습니다. 아이티라는 작은 나라에 규모 7.2의 강진이 일어난 것입니다. 이 일로 2천 명이 넘는 사람이 목숨을 잃었습니다. 불과 11년 전, 아이티는 같은 일을 겪은 적이 있지요. 진도 7.0의 지진이 발생했고, 그 일로 온 나라가 무너졌습니다. 16만여 명이 사망했습니다. 그런데 그때의 아픔이 채 가시기도 전에 아이티 국민이 또다시 같은 고통을 받게 된 것입니다. 수백 년을 노예살이와 군사독재로 몸살을 앓다가 이제 아름다운 나라를 이루어야 할 이곳에 계속해서 아픔의 사건들이 일어나고 있습니다. 어떻게 이런 일이 일어날 수 있습니까?

우리 마음을 더욱더 무겁게 하는 사건이 또 있었습니다. 탈레반이 아프가니스탄을 점령하고 수많은 사람을 무자비하게 죽인 사건입니다. 아프가니스탄 국민은 탈출하기 위해 공항으로 모여들었고, 미처 비행기에 타지 못한 젊은이들은 날개에 매달렸다가 떨어져 죽는 일도 있었습니다. 어떤 어머니는 내 아이만이라도 살려 달라며 담장 너머로 아이를 집어 던지기도 했지요. 어머니의 그 애절한 눈빛이 기억이 납니다.

아프가니스탄은 국민의 99퍼센트가 무슬림입니다. 기독교인이란 사실이 알려지면 죽음을 면치 못하는 나라예요. 그런데도 최근에는 이슬람권 나라에서 가장 힘 있게 복음이 선포되는 나라이기도 했습니다. 그런데 이제는 탈레반이 나라를 점령하면서 복음 전파가 더욱 어렵게 되었습니다. 그곳에서 기독교인들이 발견되면 아마 목숨을 잃게 될 것이고, 수많은 사람이 희생될 것입니다.

세계에서 일어나는 가슴 아픈 일들을 바라보면서 하나님께 이렇게 여쭙게 됩니다.

"하나님, 이 일들을 보시고 어찌 잠잠히 계십니까? 하나님은 공평하신 분이 아닙니까? 어찌하여 이 땅에서 선한 사람보다 악인이 득세합니까?"

이는 우리만의 질문이 아닙니다. 성경에서도 수많은 선지자가 같은 질문을 했습니다. 하박국 선지자는 1장에서 하나님께 '어찌하여'를 세 번이나 외치면서 질문을 하지요. 시편 73편에서도 시인 아삽이 하나님께 같은 질문을 하고 있습니다.

하나님, 어찌하여 침묵하십니까

"나는 거의 넘어질 뻔하였고 나의 걸음이 미끄러질 뻔하였으니" 시 73:2

우리는 '나를 한 번도 실망시키신 적 없고, 언제나 공평과 은혜로 지키시는 하나님'이라 찬양하지만, 실상 우리 눈앞에 펼쳐지는 세상은 그렇지 않습니다. 공평하지도, 정당하지도 않지요. 때로는 불합리한 상황에 마음 아플 때가 많습니다. 그렇다고 하나님 앞에 불평하거나 원망할 수 있습니까? 지금 아삽도 그렇습니다. 차마 불평은 못 하고, 아픈 마음으로, '하나님, 이건 아니잖아요' 하면서 이야기합니다. 솔직하게 자기 생각을 밝힌 것입니다.

필립 얀시(Philip Yancey)는 《하나님, 당신께 실망했습니다》에서 세 가지를 질문합니다. 첫째는, '하나님이 정말로 공평하신가?'입니다. 많은 사람이 하나님 앞에 바르게 살고자 하지만 고난을 피하지 못하는데, 그래도 하나님은 공평하시다 말할 수 있느냐는 것입니다. 둘째는, '하나님은 왜 침묵하고 계시는가?'입니다. 우리는 인생의 중요한 순간마다 하나님의 뜻을 묻고 순종하며 살아왔는데 펼쳐지는 삶을 보면 답이 보이지 않습니다. 그럴 때 "하나님, 왜 침묵하십니까?" 하고 질문하게 됩니다. 셋째는, '하나님은 왜 숨어 계시는가?'입니다. 우리 모두를 아프게 하는 질문 아닙니까? 정말 애타게 찾는 그 순간에 숨어 계시고 침묵하시는 듯한 하나님.

《하나님, 너무 불공평해요》의 저자 제니퍼 로스차일드(Jennifer Rothchild)

는 16살 때부터 시력을 조금씩 잃기 시작했습니다. 그의 꿈은 만화가였습니다. 그러나 꿈을 이루기 위해 했던 많은 노력이 모두 물거품이 되었어요. 빛보다 어둠 속에서 지내는 날들이 더 많아졌습니다. 저자는 하나님 앞에 끊임없이 질문을 쏟아 냅니다.

"하나님은 정말 공평한 분이 맞습니까? 제 기도를 듣고 계십니까? 정말 존재하고는 계십니까?"

이런 질문들은 하박국 선지자나 아삽의 시편과 같습니다. "하나님, 왜 이러십니까? 왜 가만히 계십니까?" 하고 묻는 것입니다. 모두가 던질 수 있지만 누구도 대답하기 쉽지 않은 질문입니다.

아삽도 하나님께 같은 질문을 합니다. 그의 눈에 비친 불합리한 세태에 대해서 너무나 고통스럽게 하나님께 묻습니다. 시편 73편 4-12절까지 말씀을 보면 시인은 어그러진 세상의 이야기를 전부 나열했습니다.

"하나님, 악한 자들은 살면서 고난을 모르고 살아갑니다. 그들은 땅 위에서 풍족을 누립니다. 정말 끝도 없이 누립니다. 반면에 선한 사람은 고통을 당합니다. 정말 참기 힘든 것은 악인들은 죽을 때조차도 고통을 모른다는 것입니다."

이런 세상을 하나님이 그대로 두신다면 시험에 빠질 만하지 않을까요? 아무리 믿음 좋은 사람이라도 의문이 들지 않겠습니까? 그리고 아삽은 고발하기를, 악인들은 "하나님이 우리를 어찌 알겠는가. 지존자에게 지식이 있겠는가" 하고 말한다는 것입니다. 아삽은 이런 문제를 가지고 하나님 앞으로 나가 깊이 탄식하며 묻고 있습니다.

"내가 어쩌면 이를 알까 하여 생각한즉 그것이 내게 심한 고통이 되었더니"

시 73:16

이 문제가 아삽에게 왜 그렇게 큰 고통을 안겨 주는 것일까요? 하나님을 사랑하기에 그런 것 아닐까요? 사랑하기에 함부로 불평할 수가 없으니 이렇게 고통스럽게 외치는 것 아니겠습니까?

"주님, 세상이 무너진다 하더라도, 내 생명을 가져가셔도 주님을 사랑하고 신뢰합니다. 그러나 주님, 이유는 알려 주세요. 왜 주님을 사랑하는 사람들이 고난당하고, 악한 사람들은 저리도 잘살고 있는 것입니까?"

때로는 풀리지 않는 인생의 고난을 만납니다. 고난은 신앙을 위협하거나 잃게도 합니다. 바트 어만(Bart D. Ehrman)은 《고통, 인간의 문제인가 신의 문제인가》에서 "성경은 인생에서 가장 중요한 문제인 고난에 답하지 못한다"라고 주장합니다. 저자는 평신도가 아닙니다. 아주 보수적인 무디성경학교와 휘튼칼리지를 졸업하고 프린스턴신학대학원에서 신약학으로 박사학위까지 받은 사람입니다. 그러나 그는 담임목사로 교회를 섬길 때 고통받는 성도들의 삶을 보면서 도저히 이해할 수 없었다고 합니다. 목회도 내려놓았고, 심지어 신앙에서도 떠나게 되었습니다. 참으로 마음 아픈 일이 아닐 수 없습니다.

우리는 모두 하나님의 주권을 믿는다고 고백하죠. 참새 한 마리도 하나님이 허락하셔야 떨어진다는 것을 믿고 고백합니다. 그러나 떨어지는 것이 참새 한 마리가 아니라 갓 스무 살을 넘긴 청년이라면 어떨까요? 떨어지는 것이 이름 없는 종달새 한 마리가 아니라 세상에서 땀을 흘려 일하고 교회에서 헌신하고 있는 40대 젊은이라면 어떻겠습니까? 생명은 하나님의 주권이라는 말이 오히려 우리를 더 아프게 하지 않겠습니까?

목회자로서도 이런 상황을 만나게 되면 할 말을 잃을 때가 많습니다. 우리 교회 한 청년이 수련회에 다녀오다가 빗길에서 교통사고를 당해 세상을 떠난 일이 있었습니다. 그는 이제 막 대학에 들어간 외동아들이었습니다. 장례식장에서 그의 부모를 뵈었는데, 제가 할 말을 잃었습니다. 두 시간 동안 아무 말도 못 하고 눈물만 흘리다가 기도해 드리고 나왔습니다.

아삽은 이런 상황을 바라보면서 하나님 앞에 묻는 것입니다.

"주님 이렇게 어그러진 세상, 불합리한 세상에서 우리가 경건하게 살아가는 것이 무슨 의미가 있습니까? 하나님을 바르게 믿고 헌신하는 삶이 진짜 의미가 있다는 말씀입니까?"

그런데 그런 그에게 갑자기 혁명 같은 변화가 일어났습니다. 하나님께서 그의 영의 눈을 뜨게 해 주셨습니다.

하나님은 여전히 그 자리에 계십니다

"하나님의 성소에 들어갈 때에야 그들의 종말을 내가 깨달았나이다" 시 73:17

아삽은 지금까지 세상의 눈, 인간의 눈으로 이 땅의 만상을 바라보았습니다. 그러나 하나님의 눈으로 사람을 보고 세상을 보니 전혀 새로운 것이 보였습니다. 찬란하게 살아가는 듯한 악인들의 모습에서 파멸의 길을 본 것입니다. 하나님은 그들에게 복을 주신 것이 아닙니다. 그저 그들을 버려두신 것입니다. 세상 상황이 달라진 것은 없었습니다. 그저 안경을 바꾸어 낀 것입니다. 세상적, 육적 시각으로 비추는 안경을 벗고 성소에 들어가 신앙의 눈, 말씀의 눈으로 바라보니 전혀 새로운 것이 보였습니다.

하나님을 믿고 살아가지만 세상을 바라보면서 하나님을 원망하거나 불평한 적은 없습니까? 오늘 아삽은 자신도 느꼈던 아픔에 해결책을 제시해 주고 있어요. 세상이, 환경이 바뀐 것이 아니에요. 시각이 바뀐 것입니다. 하나님의 성소에 들어갔을 때에야 비로소 모든 것이 새롭게 보이기 시작한 것입니다. 그 영적 임재가 완전히 그를 덮었을 때 위대한 고백이 나옵니다.

"내가 이같이 우매 무지함으로 주 앞에 짐승이오나 내가 항상 주와 함께하니 주께서 내 오른손을 붙드셨나이다" 시 73:22-23

중대한 고백 아닙니까? 눈을 뜨고 나니 나와 함께하고 계신 하나님을 보게 된 것입니다. 가만 보니 세상에 화려해 보이는 저들은 하나같이 하나님의 손을 거부하고 떨어져 나가 멸망의 길로 걸어가는 것을 본 것입니다. 나는 연약하고 부족하지만 그런 내 손을 꽉 붙들고 계시는 하나님을 본 것입니다. 내 인생을 돌아보면 순간순간 주님 앞에 범죄한 허물 많은 인생인데, 감히 얼굴을 들어 주님을 쳐다보지도 못할 인생인데, 죄짓는 그때에도 내 손을 붙들고 여전히 천국을 향해 가고 계시는 그 주님을 본 것입니다.

'성도의 견인'이라는 말이 있습니다. 하나님은 한번 택하신 당신의 백성을 천국에 이를 때까지 절대로 놓지 않고 인도하신다는 뜻입니다. 구원이 우리의 열심과 노력, 끊임없는 믿음으로 얻을 수 있는 것이라면 얼마나 불안하겠습니까? 때로는 무너지기도 하고 믿음이 약해지기도 하지 않습니까? 그러나 그런 순간조차도 하나님은 한번 붙드신 우리 손을 놓지 않으십니다. 지금 아삽은 그 하나님을 만난 것입니다. 나를 붙드신 하나님, 결단코 놓지 않으실 하나님을 만나 진정한 구원의 확신을 얻은 것입니다. 그래서 이 좋으신 하나님을 소리 높여 찬양하는 것입니다.

"주의 교훈으로 나를 인도하시고 후에는 영광으로 나를 영접하시리니" 시 73:24

나를 붙드시고 구원의 은혜를 주시는 하나님이 마침내 나를 영광으로 영접하신다고 합니다. 내가 세상에서 무너지더라도 하나님은 일방적인 사랑으로 우리를 천국으로 이끄신다는 것입니다. 그 하나님을 만났을 때 세상 모두를 얻어도 누리지 못할 감격이 터져 나옵니다.

"하늘에서는 주 외에 누가 내게 있으리요 땅에서는 주밖에 내가 사모할 이 없나

이다 내 육체와 마음은 쇠약하나 하나님은 내 마음의 반석이시요 영원한 분깃이

시라" 시 73:25-26

사람이 부를 수 있는 노래 중에 이보다 아름다운 노래가 어디 있겠습니까? 세상의 아름다운 시를 다 모은다 해도 이 한 구절에 어찌 비할 수 있을까요? 하늘에서도 땅에서도 우리가 유일하게 사모할 분은 오직 주님뿐이십니다. 유일한 하나님을 마음에 모신다면 세상 모든 것이 다 사라진다 해도 우리는 모든 것을 누리는 하나님의 백성이 되는 것입니다. 반대로 하나님의 손에서 떨어져 나간 인생은 세상 모든 것을 누린다 해도 아침 이슬처럼 사라질 뿐입니다. 육체도 마음도 다 쇠약할 나이가 오겠지요. 그러나 우리가 무너진다 해도 반석 되시는 하나님 때문에 오늘 이 자리에 굳건하게 다시 설 수 있습니다. 세상 것이 다 사라져도 하나님이 함께 계시면 우리는 모든 것을 다 누리는 것입니다.

필립 얀시는 《하나님, 당신께 실망했습니다》에서 모든 질문을 마치고 하나님 앞에 고백합니다.

"당신은 하나님의 사랑을 느끼지 못할 수도 있지만, 그렇다고 해서 하나님이 당신을 사랑하시지 않는 것은 아니다. 하나님은 당신을 훨씬 나쁜 것에서 보호하시고, 당신에게 더 좋은 것을 주시고, 당신도 미처 알지 못한 당신의 필요를 채워 주시기 위해 당신을 고통 중에 있도록 두시는 것인지도 모른다. 하나님이 아무것도 하시지 않는 것처럼 보인다고 해서 당신을 잊으신 것은 아니며, 이는 오히려 당신에 대한 하나님의 높은 뜻과 깊은 사랑을 나타내 준다."

하나님이 침묵하시는 것 같습니까? 그렇더라도 그분이 우리를 잊으신 것은 아닙니다. 하나님은 여전히 그 자리에 계십니다. 내 마음 중심에 누구를 모시고 있습니까? 내 주 되신 예수 그리스도를 모시고 있습니까? 주님이 나의 기쁨, 삶의 의미, 진정한 목적, 보람이 되고 있습니까?

아무리 교회를 열심히 다니고 성실히 말씀을 가르친다고 하더라도 주님으로 말미암아 가득 차는 만족을 누리지 못한다면 우리는 결국 세상을 부러운 눈으로, 때로는 불평 섞인 눈으로 바라보게 될 것입니다. 주님이 아닌 세상 것을 추구하게 될 것입니다. 어떤 기도보다도 이런 기도를 해야 합니다.

"주님, 저는 주님을 원합니다. 주님을 믿으면서 세상을 부러워하는 것이 아니라, 주님 한 분으로 충분한 만족을 누립니다. 그러니 주님으로 저를 가득 채워 주옵소서."

▎십자가 복음에 삶을 던지십시오

그리스도인인 우리는 이 어그러진 세상 속에서 무엇을 해야 할까요?

"하나님께 가까이함이 내게 복이라 내가 주 여호와를 나의 피난처로 삼아 주의 모든 행적을 전파하리이다" 시 73:28

아삽은 세상을 바라보며 원망과 낙심, 실망 대신 사명을 발견했습니다. 이것이 그리스도인이 가져야 할 눈입니다.

얼마 전 김요한 선교사님 고별 예배를 드렸습니다. 김 선교사님은 와싱톤중앙장로교회가 세워진 지 1년 후인 1975년에 처음 교회에 오셔서 1992년, 우즈베키스탄 선교사로 파송을 받았습니다. 그곳에 만민교회를 개척하고, 외국 사람들은 들어 본 적도 없는 새벽기도를 하루도 빠짐없이 했습니다. 새벽 2-3시까지 심방을 하면서도 다시 새벽이 되면 제단을 쌓았습니다. 1999년 김 선교사님에게 어려움이 찾아왔습니다. 후두암 진단을 받은 것입니다. 그런데도 김 선교사님은 수술을 마치고 잠시 요양을 한 후 주위의 만류에도 불구하고 다시 우즈베키스탄으로 갔습니다. 수많은 제자를 키웠고 많은 목회자를 양성했습니다.

한참 사역이 무르익어 가던 2008년, 김 선교사님은 우즈베키스탄 입국을 거부당하고 다시는 그 땅에 들어가지 못했습니다. 그러나 한순간도 실망이나 불평으로 세월을 보내지 않았습니다. 선교사로 가지는 못했지만, 선교 사역을 내려놓지는 않았어요. 미국에 있는 수많은 러시아 사람을 전도하기 시작했고, 마침내 뉴욕에 러시아 교회를 두 곳이나 개척했습니다.

김 선교사님의 자녀와 대화를 나누는데, 참 이런 분이 계실까 싶은 생각이 들더군요. 김 선교사님은 후두암 치료 후 갈수록 말하는 것이나 손동작이 어려워졌다고 합니다. 때때로 소통이 잘되지 않을 정도였습니다. 그럼에도 복음을 전하는 일이 얼마나 행복한지 사역할 때는 최고로 행복한 모습이었다고 합니다. 아무리 선교사라고 해도 스트레스가 왜 없겠습니까? 그런데 김 선교사님은 스트레스를 받으면 무작정 밖으로 나가 믿지 않는 사람들을 전도했다고 합니다. 그것이 스트레스를 푸는 그분만의 방법이었고, 복음을 전하다 보면 기쁨에 충만한 모습으로 돌아오셨다고 합니다.

연약해진 몸, 선교지의 입국 거부 등이 김 선교사님을 막지는 못했습니다. 그분은 마지막까지 복음 전파를 위해 살다가 주님 곁으로 가셨습니다. 평소 김 선교사님은 "주님의 영광과 복음을 위해 삶을 드리겠습니다"라는 말을 즐겨 하셨습니다. 고별 예배의 제목도 그렇게 정했습니다. 하나님의 영광과 복음을 위해서 드린 삶. 이것은 그분의 구호였을 뿐만 아니라 삶 그 자체였습니다.

그리고 김 선교사님의 이 고백은 세상의 눈에서 하나님의 눈으로 바뀐 그리스도인, 하나님이 나의 전부가 된 사람, 주님을 진실로 사랑하는 모든 사람이 해야 할 고백이기도 합니다. 아삽도 그랬습니다. 이 어그러진 세상을 바라보면서 원망과 불평 속에 살아갈 뻔했지만, 마침내 주님을 만남으로 인생이 바뀌었고 "주의 모든 행적을 전파하리이다"라고 고백하고 있지요. 이 땅에는 김 선교사님처럼 인생을 고결하게 복음에 던진 사람이 많습니다. 그들의 역사가 곧 기독교의 역사이고, 그들이 생명을 다해 전한 십자가 복음으로 우리가 오늘 이 자리에 있는 것입니다.

시편 73편은 하나님을 향한 간절한 마음, 애절한 질문이자 이 땅에 존재하는 가장 아름다운 한 편의 시입니다. 세상이 불합리해 보여도, 악인만 잘사는 세상처럼 보여도 사실 그게 아니었습니다. 참으로 행복한 사람은 하늘의 기쁨을 아는 사람입니다. 하나님께 붙잡힌 사람입니다. 예수님을 소유하면 모든 것을 소유한 것이라는 깨달음이야말로 복 중의 복입니다.

제가 미국에서 공부를 마치면서 마지막 학위 논문 맨 앞 장에 썼던 구절이 바로 시편 73편 25절이었습니다. 이 말씀이 있었기에 마음의 아픔과 고통을 딛고 끝까지 공부를 마칠 수 있었습니다. 보스턴에서 공부할 때 어머니가 병을 얻었고, 한 달 만에 이 땅을 떠나셨습니다. 한 번 태어나서 이 땅을 떠나는 것은 당연한 일이지만, 그렇게 갑자기 병을 얻어 홀연히 세상을 떠나시니 허망한 마음을 금할 길이 없었습니다. 목사로서 무슨 큰 욕심이 있었겠습니까? 결혼하고 목사 안수를 받으면 어머니를 모시고 평안하게 살기 원했습니다. 그런데 그 소박한 꿈을 하나님은 들어주지 않으셨습니다. 오랜 세월 자식을 위해서 고난의 삶을 사셨던 어머니. 저는 하나님께 질문했습니다.

"주님, 꼭 이렇게까지 하셔야 했습니까?"

겉으로는 평안한 시간을 보내는 것 같았지만, 제 안에서는 이 질문이 끊임없이 소용돌이쳤습니다. 그런 마음으로는 도저히 신학 공부를 계속할 수가 없었습니다. 휴학을 한 후 아버지 곁에서 지냈습니다. 그렇게 한 달, 두 달 시간이 지나갔어요. 남들 앞에서는 평안해 보였을지 몰라도 운전을 하다 보면 또 같은 질문이 가슴을 때렸습니다.

"하나님, 꼭 이렇게까지 하셔야 했습니까?"

차를 멈추고 운전대에 얼굴을 묻고 눈물을 쏟으면서 주님께 하염없이 물었습니다.

"하나님, 제게 왜 이러십니까?"

그렇게 고통으로 몸부림치는 저에게 하나님이 어느 날 찾아오셨어요. 저는 하나님께 '왜?'라고 질문하며 답을 구했는데, 하나님은 그 질문에 대한 답 대신 다른 것을 보여 주셨습니다. 바로 당신의 아들을 십자가에 못 박으시는 하나님의 모습이었습니다. 십자가에서 피 흘리시는 예수님이 보였습니다. 그리고 그 아들을 제 손으로 죽이시는 하나님의 눈물이 보였습니다. 주님이 이렇게 말씀하셨습니다.

"네가 어머니를 사랑하는 것을 알고 있단다. 내가 너보다 더 네 어머니를 사랑한단다."

이분이 우리 하나님이십니다. 우리를 사랑하셔서 그런 우리를 살리려고 하나뿐인 아들을 죽이신 분. 그날 이후로 "하늘에서는 주 외에 누가 내게 있으리요 땅에서는 주밖에 내가 사모할 이 없나이다"라는 시편 73편 25절 고백이 제 삶이 되었습니다.

복잡한 문제나 어려운 고민이 있을 때마다 두 가지를 늘 생각합니다. 하나는 육신의 생명이고 하나는 영원한 생명입니다. 저는 33세에 돌아가신 예수님에 비하면 충분히 살았습니다. 33세 이후의 삶은 덤으로 살아가는 인생이지요. 매일 아침 눈을 뜨면 "주님, 오늘도 하루를 주셔서 감사합니다" 하고 고백합니다. 열심을 내면 장수의 복이나 재물을 얻는 것이 가능할 것입니다. 그러나 아무리 열심을 내도 불가능한 한 가지가 있습니다. 바로 영원한 생명, 구원의 은혜입니다. 그런데 저는 구원의 은혜도 얻었습니다. 더 이상 땅에서 바랄 것이 무엇이 있겠습니까?

생각처럼 인생이 펼쳐지지 않을 때, 세상이 불합리해 보일 때, 억울

하게 오해를 받는다는 생각이 들 때, 가슴이 무너질 때 조용히 엎드려 보세요. 지금 벌어지는 일들이 도무지 이해되지 않을 때, 신자로서 마음대로 원망이나 불평도 못 한 채 불면의 밤을 보내게 될 때는 십자가 앞으로 나아가기 바랍니다. 나를 위해 피 흘리시는 예수님, 그 아들을 바라보며 눈물 흘리시는 하나님을 생각해 보기 바랍니다. 그리고 고백해 보기 바랍니다.

"하늘에서는 주 외에 누가 내게 있으리요. 땅에서는 주밖에 내가 사모할 이가 없나이다."

이 고백을 하는 인생마다 하나님께 붙잡힌 사람이 되어 하늘의 기쁨이 가득 넘치기를 주의 이름으로 축복합니다.

6장 제사장:

인생의 겨울이 다가와도
걱정할 필요 없습니다

_ 민수기 6:22-26

중국에서 집들을 방문하다 보면 문 앞에 '福'(복) 자를 거꾸로 매달아 놓은 것을 자주 볼 수 있습니다. 복은 하늘에서 떨어지는 것이어서 그렇게 해 놓는다고 합니다. 과거 우리나라도 많은 사람이 하늘에 복을 빌곤 했습니다. 어린 시절, 정월대보름이 되면 어머니께서 마당에 나와 달을 보며 소원을 빌라고 말씀하셨습니다. 그때 올려다본 달이 얼마나 환하던지요. 저는 그 달을 보며 "부모님 건강하게 해 주세요. 공부 잘하게 해 주세요" 하고 빌곤 했습니다. 교회가 없던 시골이었고 예수님을 몰랐던 시절이었습니다.

우리 집 방 한구석에는 단지가 하나 있었습니다. 신줏단지였지요. 부모님은 해마다 그 안에 곡식을 새로 바꾸어 넣고 한 해 농사가 잘되기를, 자녀들이 잘 자라기를 빌었습니다. 교회에 다니기 시작하면서 어머니에게 물어본 적이 있습니다. 신줏단지는 왜 모시는 거냐고, 우리는 누구에게 복을 비는 것이냐고 말입니다. 어머니는 특별히 대상이 있는 것은 아니고 조상 대대로 내려온 전통이라고 말씀하셨습니다. 저는 어머니에게 우리에게 복을 주시는 분은 하나님이고 이제 우리는 하나님을 믿으니 그것을 치우자고 했습니다. 부모님은 처음엔 조금 머뭇거리셨지만 결국은 제 의견에 동의해 주셨습니다.

복은 누구에게나 필요하고 또 누구나 좋아하는 말입니다. 성경도 복에 대해 굉장히 중요하게 말씀하고 있지요. 창세기에 하나님이 인간을 지으신 후 가장 먼저 하신 일이 복을 주신 일이었습니다. 인간이 만물의 영장으로서 이 땅을 다스리는 것, 하나님이 맡기신 사명을 감당할 수 있는 것은 모두 하나님이 복을 주셨기 때문입니다.

요즘은 예배를 마치고 나면 주로 고린도후서 13장 13절의 "주 예수 그리스도의 은혜와 하나님의 사랑과 성령의 교통하심이 너희 무리와 함께 있을지어다"라는 말씀으로 축도를 하곤 합니다.

민수기 6장 24-26절 말씀은 하나님께서 모세를 통해 주신 이스라엘을 축복하는 말씀으로, 이스라엘 사람들이 누군가를 축복할 때 가장 많이 사용하는 구절이라고 합니다. 이처럼 성경에서는 우리가 기대하는 축복의 말씀을 곳곳에서 발견할 수 있습니다.

코로나19로 주일학교 예배를 드리지 못하다가 1년 6개월 만에 아이들이 모여 예배드린 적이 있습니다. 저마다 얼마나 좋아하며 뛰어놀던지요. 정말 감격스러웠습니다. 제 마음이 이러한데 지켜보시는 하나님은 얼마나 행복하셨을까 하는 생각을 했습니다. 하나님이 축복하셔서 이 아이들이 믿음의 일꾼, 세상의 빛과 소금의 역할을 하는 경건한 신앙인으로 잘 세워지기를 마음으로 축복했습니다. 제 마음뿐이겠습니까. 당회 수련회를 하면서 목회자들과 많은 대화를 나누다 보면 모두가 입을 모아 이야기하는 것이 바로 다음 세대와 관련된 것입니다. 무조건 다음 세대를 먼저 지원하고 투자하자는 의견에 공감하게 됩니다.

부모의 마음도 같지 않습니까? 자녀를 키우다 보면 내 자녀뿐 아니라 또래 아이들을 바라보는 눈빛이 달라집니다. 자연스럽게 그들을 축복하게 되지요. 그런데 우리는 과연 자녀를 위해 어떤 복을 빌고 있습니까? 세상에서 잘살고 잘되기만을 바라지는 않습니까? 그러나 하나님이 이스라엘을 향해 주신 가장 은혜로운 축복의 말씀은 그런 것이 아니었습니다. 우리가 자녀를 축복할 때 하나님의 말씀으로 하기를 바랍니다. 하나님이 이스라엘을 축복했듯이 말입니다.

▌하나님은 자녀에게 복 주기를 원하십니다

"여호와는 네게 복을 주시고 너를 지키시기를 원하며 여호와는 그의 얼굴을 네게 비추사 은혜 베푸시기를 원하며 여호와는 그 얼굴을 네게로 향하여 드사 평강 주시기를 원하노라 할지니라 하라" 민 6:24-26

이 말씀은 세상에서 추구하는 복과 하나님이 주시는 복의 차이를 잘 보여 주고 있습니다. 그중에서 우리가 중요하게 보아야 할 내용이 있습니다.

첫째, 복을 주시는 분은 여호와 하나님이라는 사실입니다. 민수기의 저자는 복을 선포할 때마다 세 번이나 여호와를 반복해서 강조합니다. 그리고 이어 27절에서도 "내 이름으로", 즉 여호와의 이름으로 이스라엘을 축복한다고 말씀합니다. 왜 이렇게까지 하나님의 이름을 반복하여 강조하고 있을까요? 사람들이 복의 근원인 하나님께 나아가지 않고 다른 것에 엎드리고 복을 구하기 때문입니다.

이스라엘이 어떤 민족이었습니까? 그들은 자신들을 자유롭게 해 주신 하나님은 잊어버리고 금송아지를 만들어 그 앞에 복을 빌고 절했습니다. 구약에서 뿐만이 아닙니다. 나중에는 진짜 복 되신 예수님이 이 땅에 오셨지만 알아보지 못했습니다. 오늘 우리는 어떻습니까? 하늘의 은혜, 모든 복을 다 주실 수 있는 하나님을 제쳐두고 다른 것에 복을 구하고 있지는 않습니까? 복을 주시는 분이 하나님이시라는 사실을 바르게 알아야 그분 앞에 나아가 엎드릴 수 있습니다.

둘째, 축복의 말씀이 주어진 대상은 하나님의 백성입니다. 세상에서 주는 복과의 차이가 여기에 있지요. 세상의 복은 누군가에게 선택된 사람에게 주어집니다. 다른 사람과 비교해 뛰어난 사람, 인간의 힘으로 뭔가를 이룬 사람에게 주어지는 것이 세상의 복입니다. 그러나 성경은 복에 대해 전혀 다르게 말하고 있어요. 하나님이 당신의 사랑하는 백성에게 주시는 것이 복이라고 말씀합니다.

"아론과 그의 아들들에게 말하여 이르기를 너희는 이스라엘 자손을 위하여 이렇게 축복하여 이르되" 민 6:23

"아론과 그의 아들들"은 대제사장을 말하는 것입니다. 하나님은 그들에게 이스라엘 자손을 위해 축복하라고 말씀합니다. 누구에게 복을 주시겠다는 것입니까? 하나님이 택하신 백성, 하나님과 관계가 있는 백성입니다. 오늘날로 말하면 예수 그리스도 안에서 살아가는 우리 한 사람 한 사람이 복을 누릴 대상자라고 말씀하는 것입니다. 스스로에게 물어보기 바랍니다. 내가 정말 하나님의 복을 누릴 만한 사람이 맞습니까?

사실 우리는 아무런 자격이 없습니다. 그러나 하나님과 관계를 맺는 것으로, 하나님의 자녀로서 살아가는 것으로 그분의 복을 받을 자격이 주어집니다. 우리 자녀에게도 마찬가지입니다. 모든 부모가 자기 자녀에게 하나님의 축복이 임하기를 바랄 것입니다. 그 전에 질문해 보아야 합니다. 과연 내 자녀가 하나님과 관계를 맺고 그분의 백성으로 살아가고 있습니까? 자녀의 마음속에 예수 그리스도의 복음이 새겨져 있습니까? 십자가의 피가 자녀들에게 생명이 되고 있습니까? 이 질문에 'Yes'로 답할 수 있을 때 하나님은 하늘의 문을 열어 복을 주겠다 약속하십니다.

셋째, 이 구절은 축복이 점점 확산되는 구조로 기록되어 있습니다. 히브리어 성경을 보면 24절은 세 단어, 25절은 다섯 단어, 26절은 일곱 단어로 기록되어 있습니다. 축복의 강도가 점점 세지고 더욱 구체적으로 다가옵니다. 이것이 하나님의 마음 아니겠습니까? 하나님은 갈수록 우리에게 더 큰 복으로 오기를 원하십니다. 그래서 우리는 신앙이 깊어질수록 더 큰 하나님의 복을 누리게 되는 것입니다.

넷째, 이 구절에는 삼위일체 하나님의 축복이 모두 담겨 있습니다. "너를 지키시기를 원하며"라고 말씀한 24절은 성부 하나님의 축복을 말하는 것이지요. 지킨다는 것은 전능하신 하나님이 하시는 일입니다. "은혜 베푸시기를 원하며"(25절)는 예수 그리스도를 통해 주시는 축복입니다. 하늘에 속한 모든 신령한 은혜를 우리에게 주신다는 것입니다. 마지막으로 "평강 주시기를 원하노라"(26절) 말씀합니다. 평강은 성령께서 우리를 지배할 때 누릴 수 있는 것입니다. 이렇게 성부, 성자, 성령 삼위일체 하나님이 우리에게 주시고자 하는 복의 모든 것을 담은 말씀이 이 구절입니다. 이것이 하나님의 마음이에요. 그만큼 우리가 소중한 사람이라는 것입니다.

▎ 평안이 없는 광야에서 평안을 약속하십니다

그렇다면 하나님이 주고자 하시는 구체적인 복 세 가지는 어떤 것일까요?

첫째, 지켜 주시는 복입니다. 히브리어로 '지킨다'는 의미의 단어는 '샤마르'입니다. 이 단어에는 둘레에 가시와 같은 것을 쳐 놓고 보호한다는 의미가 담겨 있습니다. 철저한 보호와 안전한 보전을 뜻합니다.

이스라엘 백성만큼 이 단어가 절실한 사람들이 있을까요? 아담이 죄를 지은 후 하나님의 얼굴을 피해 도망갔을 때, 하나님은 다시금 그를 만나 주시고 행여나 상해를 당할까 봐 가죽옷을 입혀 그를 지켜 주셨습니다. 이스라엘 백성은 광야에서 40년을 보내야 했지요. 광야는 사람이 살 수 없는 땅입니다. 이스라엘 백성은 하나님의 보호가 없었다면 생존 자체가 불가능했을 것입니다. 이스라엘의 처지와 오늘을 살아가는 우리의 처지가 같지 않습니까? 우리는 하나님의 보호가 있어야만 살아갈 수 있습니다. 이러한 하나님의 보호하심을 두고 솔로몬은 이렇게 노래합니다.

"여호와께서 집을 세우지 아니하시면 세우는 자의 수고가 헛되며 여호와께서 성을 지키지 아니하시면 파수꾼의 깨어 있음이 헛되도다" 시 127:1

미국 사람들, 특히 어르신들이 참 좋아하는 가수가 있습니다. 빌 게이더(William J. Gaither)와 그의 찬양 팀입니다. 미국에서 공부하던 시절, 저녁에 집에 돌아와 그의 찬양을 들으면 어찌나 은혜가 강물같이 흘러 가슴을 파고들던지요. 늘 하나님과 신실하게 동행하던 빌 게이더가 지켜 주시는 은혜에 감사해 지은 특별한 곡이 있습니다.

He touched me, Oh, He touched me
그가 나를 만지셨네, 오 그가 나를 만지셨네
And oh the joy that floods my soul

내 영혼에 넘치는 놀라운 기쁨

Something happened and now I know

무슨 일인가 일어났음을 이제 아네

He touched me and made me whole

그가 나를 만지셨고 나를 온전케 하셨네

-'He touched me' 후렴, Bill & Gloria Gaither

빌 게이더가 그야말로 전성기의 인기를 누리고 있을 때 그는 단핵구증 (순환하는 혈액에서 핵이 하나인 백혈구 숫자가 비정상적으로 많아지는 증상)이라는 병에 걸렸습니다. 거기에 경제적인 어려움마저 닥쳤고, 모든 것을 다 잃었다는 생각에 우울증까지 찾아왔습니다. 더 이상 노래를 부를 수도 없었고, 죽음이 문턱에 온 것만 같았습니다. 아무것도 할 수 없을 것 같은 그 좌절의 순간에 하나님이 그를 다시 한번 찾아오셨습니다. 그리고 말씀하셨어요.

"내가 너와 함께한다. 내가 너를 지키고 있다."

그 옛날에 "그가 나를 만지셨네" 하고 노래하게 하셨던 하나님이 다시 그를 만져 주신 것입니다. 빌 게이더는 다시 힘을 내어 일어났습니다. 너무나 감격에 차 새로운 찬양곡을 지었습니다. 그렇게 탄생한 곡이 "살아 계신 주 나의 참된 소망"입니다. 그냥 나온 노래가 아닙니다. 가슴이 벅차다 못해 터져 나온 한 사람의 신앙 고백입니다. 그 눈물을 우리는 귀와 마음으로 듣습니다.

빌 게이더도 이제는 노년의 세월을 보내고 있지만, 청년 시절의 그때처럼 여전한 모습으로 하나님을 찬양합니다. 왜일까요? 여전한 모습으로 그를 지켜 주고 만져 주시는 하나님이 계시기 때문입니다. 이렇게 지키시는 주님이 계시기에 이스라엘 백성은 광야에서의 40년을 이겨 냈습니다. 지키시는 주님이 계시기에 사도들이 고난을 뚫고 역사를 이루어 냈습니다. 지키시는 주님이 계시기에 우리가 매일 무너진다고 하더라도 여전히 주님 앞에서 일어날 수 있는 것입니다.

둘째, 은혜의 복입니다. 25절에서 하나님이 우리에게 은혜를 베푸시기 위해서 얼굴을 비춘다고 합니다. 참으로 놀랍지 않습니까? 죄인들은 하나님의 얼굴을 보면 안 됩니다. 그 빛을 감당하지 못하기 때문입니다. 범죄한 아담이 가장 먼저 한 일을 기억합니까? 그는 여호와의 낯을 피해 도망갔습니다. 가인이 아벨을 때려죽이고 한 일 역시 여호와의 낯을 피해 동쪽으로 도망가는 일이었습니다. 그런데 하나님이 직접 죄인인 우리를 찾아와 당신의 얼굴을 보여 주시겠다는 것입니다. 사람은 하나님을 멀리하고 여호와의 낯을 피해서 도망갔지만, 하나님은 타락한 인간에게 친히 오셔서 찬란한 영광의 낯빛을 비춰 주십니다. 그리고 그 빛을 통해 하나님의 은혜를 주기 원하십니다.

이스라엘의 역사를 보면 하나님은 그들에게 중요한 순간마다 은혜로 찾아오셨습니다. 광야 40년 역사야말로 하나님이 그들을 지켜 주신 은혜의 역사 아니겠습니까? 낮에는 구름 기둥으로 밤에는 불기둥으로 지켜 주신 우리의 하나님. 이 은혜가 있었기에 끊임없이 반복되는 범죄의 역사 속에서도 하나님은 이스라엘 백성을 버리시지 않은 것입니다. 이 은혜가 있기에 우리도 믿음을 선물로 받아서 예수 그리스도를 주로 고백하고 하나님 앞에 나아가는 것이지요. 이 은혜가 있기에 매 순간 하나님 앞에 부끄럽고 죄스럽게 살아가지만 우리는 오늘도 이겨 내고 하나님 앞에 다시 나아가는 것입니다.

하나님이 우리에게 내리시는 가장 심각한 심판은 무엇일까요? 하나님의 영광의 얼굴을 가리는 것 아니겠습니까? 태양이 가려지면 살아갈 수 없는 것처럼 하나님의 낯빛을 가려 버리면 그 앞에서 살아날 자가 아무도 없을 것입니다. 말라기 선지자 이후, 타락한 이스라엘 백성에게 내려진 하나님의 심판이 무엇이었지요? 400년 동안이나 잠잠히 침묵해 버리신 것입니다. 그러나 하나님은 세상을 사랑하셔서 완전히 버리시지 않고 다시 당신의 얼굴의 광채를 보이셨습니다. 이전처럼 잠시만 보이신 것이 아니라 하나님 당신이 직접 이 땅에 오셨습니다. 우리에게 직접 그 모습을 보이셨습니다. 요한복음은 이렇게 말씀합니다.

"말씀이 육신이 되어 우리 가운데 거하시매 우리가 그의 영광을 보니 아버지의 독생자의 영광이요 은혜와 진리가 충만하더라" 요 1:14

언젠가 우리가 이 땅을 떠나는 날 어떤 일이 일어나게 될까요? 지금은 주님 모습을 희미하게 바라보지만 언젠가 주님을 다시 만나는 날이 오면 눈과 눈을 마주하고 보게 될 것입니다. 그 영광의 날, 주님이 우리를 아시는 것처럼 우리도 주님을 알게 될 것입니다.

우리는 성자 예수님을 통해 하나님의 은혜를 맛보았습니다. 이 은혜를 받은 사람이 해야 할 일이 무엇일까요? 하나님이 영광의 얼굴을 우리에게 비춰 주신 것처럼 우리도 하나님의 눈을 바라보고 그 낯빛을 사모해야 합니다. 말씀을 통해서 주님을 만나고, 기도를 통해서 주님의 마음을 읽어야 합니다. 매 순간 하나님의 뜻을 이루며 살아가야 합니다. 그것이 주님의 낯빛을 마주하며 살아가는 사람의 삶입니다.

셋째, 평강의 복입니다. 하나님은 영광의 낯빛을 비출 뿐 아니라, 그 얼굴을 들어 우리를 보신다고 합니다. 마치 엄마가 사랑하는 아이를 바라보는 것처럼, 우리 한 사람 한 사람을 사랑의 눈으로 보신다는 말씀입니다. 그리고 성령으로 우리를 완전히 지배하시고 하늘의 평강을 넘치게 부어 주신다고 합니다.

평강, 평안만큼 소중한 단어가 있을까요? 은혜가 하나님이 주시는 선물이라면 평안은 땅 위에서 그 은혜를 누리며 살아가는 사람의 삶입니다. 그런데 하나님께 범죄한 인간에게는 평안이 완전히 사라져 버립니다. 430년 동안 종살이를 해야 했던 이스라엘에게 무슨 평안이 있었겠습니까? 애굽의 왕자로 살았던 모세 역시 살인을 저지르고 미디안 광야로 도망가 살았던 시간 동안 무슨 평안이 있었겠습니까? 그러나 평안이 없는 광야, 그곳에서 하나님은 평안을 약속하십니다. 오늘날도 우리에게 가장 중요한 것, 필요한 것이 있다면 평안일 것입니다. 수많은 사람이 고통 속에서 죽어 가고 있습니다. 테러와 전쟁, 전염병의 소용돌이 속에서 세계 각국의 갈등이 증폭되어 가고 있는 이 시대에 그 어느 때보다 평안이 필요합니다.

언젠가부터 우리는 '웰빙'이란 단어를 참 많이 사용해 왔습니다. 많은 사람이 건강을 도모하면서 이 단어를 사용합니다. 세계보건기구(WHO)는 웰빙, 즉 건강을 이렇게 정의합니다.

"건강이란 병약하거나 질병이 없는 상태뿐만 아니라, 육체적, 정신적, 사회적으로 완전히 충족된 상태를 말한다."

이 정의는 곧 히브리어에서 말하는 '샬롬'입니다. '샬롬'은 육신뿐만 아니라 정신, 마음, 인간관계, 물질, 하나님과의 관계를 통틀어서 평안할 때를 말합니다. 그중 가장 중요한 하나님과의 관계는 세상 그 어떤 '웰빙'도 줄 수 없는 것입니다. 하나님과의 관계 속에서 지고한 영적인 평안이야말로 하나님이 주시는 최고의 선물입니다. 이 평안을 누리고 사는 사람은 어떤 사람일까요? 다윗의 고백입니다.

"여호와를 경외하는 자 누구냐 그가 택할 길을 그에게 가르치시리로다 그의 영혼은 평안히 살고 그의 자손은 땅을 상속하리로다" 시 25:12-13

우리가 오늘 평안할 수 있는 이유는 무엇일까요? 군사력이 강하기 때문일까요? 나라가 부강하기 때문입니까? 아닙니다. 누가 이 놀라운 은혜를 맛봤습니까? 여호와를 경외하는 자입니다. 여호와를 경외하는 자에게는 마음의 평안과 자녀가 하늘의 복을 누리는 내일이 주어진다는 것입니다. 이보다 더 귀한 약속이 어디 있습니까? 신약에서도 사도 바울이 늘 평안을 노래하지요. 그는 서신을 쓸 때마다 늘 마지막에 "하나님 우리 아버지와 주 예수 그리스도로부터 은혜와 평강이 있기를 원하노라" 하고 인사합니다. 평안이야말로 하나님이 주시는 진정한 축복입니다.

▎ 우리는 이미 축복받은 사람들입니다

삼위일체 하나님은 직접 우리에게 오셔서 지켜 주시고, 은혜를 주시고, 평강 가운데로 이끌어 주십니다. 하나님은 다시 한번 내가 사랑하는 백성에게 반드시 이 축복을 주시겠노라고 약속하십니다.

"그들은 이같이 내 이름으로 이스라엘 자손에게 축복할지니 내가 그들에게 복을 주리라" 민 6:27

ESV 성경은 이 구절을 "So shall they put my name upon the people of Israel, and I will bless them"으로 번역합니다. 직역하면 "내 이름을 이스라엘 사람 위에 두고 복을 주리라"라고 이해할 수 있습니다. 하나님의 이름이 우리 위에 있는 것 자체가 축복이라는 말씀이지요. 과연 이게 무슨 말일까요? '내 이름을 너희 속에 두리니 너희는 내 것이다'라는 뜻입니다. '내가 너를 반드시 축복하겠다'는 뜻입니다. ESV 성경은 "I will bless them"이라고 번역했지만, 히브리어 성경을 직역한다면 "I myself bless them"이라고 할 수 있습니다. 하나님 자신이 그들을 축복하겠다고 강조하시는 말씀입니다. 하나님이 내 사랑하는 자녀를 반드시 축복하겠다는 의지를 보여 주는 것이지요. 찰스 스펄전(Charles Spurgeon)은 이것을 이렇게 설명합니다.

"하나님이 '내가 하리라' 말씀하시면 지옥의 모든 악마라도 축복을 뒤집을 수 없고, 영원이란 시간도 왕의 말씀을 변개할 수 없다."

하나님이 '반드시'라고 말씀하실 때는 이미 이루진 미래나 마찬가지입니다. 즉 우리는 이미 하나님의 축복을 받은 것이나 마찬가지라는 뜻입니다. 그만큼 우리 한 사람, 한 사람은 하나님께 소중한 존재입니다.

우리 중 누가 하나님의 축복을 받을 만한 사람입니까? 무너지고 넘어지는 인생이 우리 아닙니까? 그럼에도 하나님은 오셔서 우리를 지켜 주십니다. 우리가 쉬지 않고 곁길로 간다고 하더라도 여전히 은혜로 찾아오셔서 우리를 인도해 주십니다. 환난 많은 세상 가운데 성령을 보내셔서 우리에게 평강을 주십니다. 이런 분이 바로 삼위일체 우리 하나님이십니다. 우리는 자격이 없지만 이렇게 놀라운 사랑을 받고 있는 하나님의 사람입니다. 우리가 이 축복을 받았는데 세상에서 무슨 축복이 더 필요합니까? 이 축복을 받은 사람이라면 "세상이 다 무너진다고 해도 저는 주님 한 분만으로 충분하고 만족합니다"라고 고백해야 합니다.

얼마 전 아이슬란드를 배경으로 촬영한 다큐멘터리를 봤습니다. 그곳 어느 마을은 여름이 되면 양 떼를 다 한 곳에 풀어놓고 키운다고 합니다. 그러다가 겨울이 다가오면 주인들이 자기 양 떼를 골라 트럭에 태우고 돌아갑니다. 양의 귀에는 주인의 이름표가 있지만, 누구도 그 이름표를 보고 자기 양을 구별하지 않습니다. 수천 마리의 양이 있는데도 이름도 보지 않고 자기 양을 찾아서 데리고 갑니다. 그 모습을 지켜보던 기자가 신기해서 물었습니다.

"자기 양 떼를 어떻게 구별합니까?"

그러면 양 떼 주인들은 하나같이 같은 말을 합니다.

"그냥 보면 압니다."

사람 얼굴이 제각기 다른 것처럼 양도 그런 걸까요? 주인들은 늘 양 떼에게 먹이를 주고 함께 지내다 보니 자연스럽게 자기 양을 알아본다고 합니다. 하나님도 그렇습니다. 우리의 얼굴을 다 알고 계십니다. 우리가 언젠가 이 땅을 떠날 때 주님은 우리 한 사람 한 사람을 다 알아보시고 우리에게 다가오셔서 우리를 데리고 가실 것입니다. 지금 그 하나님이 행복한 모습으로 우리를 지켜보고 계십니다.

다큐멘터리의 마지막 장면에 양 떼가 자기들이 원래 지내던 초장으로 돌아가 행복하게 뛰어노는 모습이 나옵니다. 그들은 겨울이 다가와도 걱정할 일이 없습니다. 자신들을 안전하게 보호해 줄 주인이 있기 때문입니다. 우리에게도 주인 되신 예수님이 계십니다. 인생의 겨울이 다가와도 막막한 미래를 걱정할 필요가 없는 것은 주인 되신 주님께서 우리를 위해 최고의 처소를 마련해 놓고 인도해 주실 것을 믿기 때문입니다. 우리를 지켜 주시고 넘치는 은혜를 부어 주시고 하늘의 평강으로 인도해 주시는 삼위일체의 하나님이 너는 내 것이라 우리를 지명해 주실 것을 믿기 때문입니다.

하나님은 아론과 그의 자녀들, 즉 대제사장들을 통해 이스라엘 자손들을 축복하라고 말씀하십니다. 우리에게도 같은 명령을 하십니다. 우리를 불러 모아 왕 같은 제사장으로 만드시고 그 직권으로 자녀를 축복하라 말씀하십니다. 내 사랑하는 자녀에게 하나님의 말씀으로 축복해 보기 바랍니다.

"여호와는 네게 복을 주시고 너를 지키시기를 원하며 여호와는 그의 얼굴을 네게 비추사 은혜 베푸시기를 원하며 여호와는 그 얼굴을 네게로 향하여 드사 평강 주시기를 원하노라. 아멘."

하나님의 은혜와 사랑이 성도의 가정과 자녀에게 가득 흘러넘치기를 주의 이름으로 축복합니다.

7장 하박국:

시련은 하나님의 본심이 아닙니다

_ 하박국 3:16-19

성경 다음으로 제 인생에 가장 영향을 미친 두 권의 책이 있다면 존 칼빈(John Calvin)의 《기독교 강요》와 존 밀턴(John Milton)의 《실락원》입니다. 존 밀턴은 영문학사에서 세익스피어 다음으로 뛰어난 시인이라는 평을 받고 있습니다. 1608년 영국 런던에서 태어났고 캠브리지 대학 때부터 문학과 음악 그리고 외국어에 탁월한 재능을 보였습니다. 올리버 크롬웰(Oliver Cromwell) 정부 때 외교 비서관을 지내면서 미래가 탄탄대로처럼 약속된 젊은이였습니다.

그러나 그의 인생은 생각처럼 순탄하게 펼쳐지지는 못했습니다. 결혼 생활에 실패도 하고, 정치적 소용돌이 속에서 감옥에 갇히기도 했습니다. 존 밀턴의 시대는 신 중심의 중세 시대가 막을 내리고 인본주의가 발흥되는 시기였습니다. 청교도적 신앙으로 무장되었던 그는 종교적 암흑기를 극복하고 하나님의 영광을 드러내기 위해 몸부림을 쳤습니다. 무너져 가는 신 중심의 세계를 바라보며 인류를 향한 하나님의 섭리가 옳다는 것을 주장하기 위해 펜을 들었습니다. 생명을 바치듯 혼신을 쏟아 쓴 《실락원》은 1658년에 시작해서 10년 만에 완성되었습니다. 놀라운 것은 500페이지에 이르는 엄청난 분량의 거대한 서사시를 썼을 때 존 밀턴은 실명한 상태였고 그의 딸이 받아썼다는 사실입니다. 밀턴은 1652년 그의 나이 44세에 극심한 과로와 무리한 독서로 실명에 이르게 되었습니다. 기독교 역사에 불후의 걸작으로 남은 《실락원》은 그런 고통스런 상황 속에서 육신의 어둠을 뚫고 탄생했습니다.

오늘 본문에서 우리는 어두운 시대를 바라보며 낙심의 애가가 아니라 감사의 찬가를 부르는 한 시인을 만나게 됩니다.

"비록 무화과나무가 무성하지 못하며 포도나무에 열매가 없으며 감람나무에 소출이 없으며 밭에 먹을 것이 없으며 우리에 양이 없으며 외양간에 소가 없을지라도 나는 여호와로 말미암아 즐거워하며 나의 구원의 하나님으로 말미암아 기뻐하리로다" 합 3:17-18

이 말씀은 한 구절, 한 구절이 너무도 아름다운 한 편의 시와 같습니다. 하박국의 찬송은 성경 전체를 놓고 보더라도 굉장히 아름다운 신앙 고백입니다. 그러나 이 구절은 하박국이 평안한 때에 편히 앉아 기록한 것이 아닙니다. 이 무렵 하박국이 살던 시대는 참으로 고통스러운 상황이었습니다. 마음 편히 시를 노래할 처지가 아니었습니다.

> "내가 들었으므로 내 창자가 흔들렸고 그 목소리로 말미암아 내 입술이 떨렸도다
> 무리가 우리를 치러 올라오는 환난 날을 내가 기다리므로 썩이는 것이 내 뼈에 들
> 어왔으며 내 몸은 내 처소에서 떨리는도다" 합 3:16

도대체 이 시대에 무슨 일이 일어났기에 하박국이 이렇게 두려움에 떨며 고통스럽게 말하는 것일까요? 그리고 이런 두려운 상황에서 어떻게 그런 주옥같은 기도문이 나올 수 있었을까요?

하박국은 지금으로부터 2천여 년 전에 남유다의 선지자였습니다. 그 이름은 히브리어 '하바크'라는 단어에서 나왔는데, '시름하다, 껴안다, 포옹하다'라는 의미가 담겨 있습니다. 고통스러운 민족의 아픔과 고난을 온몸과 가슴으로 끌어안고 나아가는 선지자의 모습을 보여 주고 있습니다. 현실 문제를 피하지 않고 나아갔던 선지자 하박국, 오늘날 그리스도인이 어떻게 이 시대를 살아 내야 할지를 그의 이름에서 발견할 수 있습니다.

그리스도인은 어두운 시대의 고통을 외면하거나 도피하는 사람이 아닙니다. 우리는 민족의 문제를 가슴에 안고 그 한가운데로 뛰어들어 함께 기도하고 눈물을 흘리며 해답을 찾아가야 합니다. 한국 기독교 역사에 이런 그리스도인들이 인정받은 중요한 사건이 있었지요. 3·1만세운동을 벌일 때, 33명의 민족 지도자 중 절반에 해당하는 16명이 기독교 지도자였습니다. 그뿐만이 아닙니다. 당시 만세 운동에 가담했다가 기

소된 사람 7,835명 중 1,719명이 그리스도인이었습니다. 그 무렵 우리 나라는 그리스도인 20만 명 시대로, 전 국민의 1퍼센트 정도만이 복음을 알았습니다. 그런데 민족이 어두운 때를 보낼 때 먼저 뛰어든 사람들이 그리스도인이었습니다.

저는 포스트 팬데믹 시대를 준비하면서 우리 교회가 특별히 이런 시기에 사회와 지역을 품는 하나님의 교회가 되자고 강조합니다. 지금까지 우리는 '이 지역을 위한(for community) 교회'의 사명을 잘 감당해 왔습니다. 그것도 귀한 일이지요. 그러나 저는 거기에서 더 나아가 우리 교회가 '지역 속에 있는(in community) 교회' '지역과 함께 나아가는 교회'가 되기를 바랍니다. 우리 이웃 주민들이 어렵고 고달프고 외로울 때 '나는 혼자가 아니다. 내 곁에는 와싱톤중앙장로교회가 있다'고 생각해 줄 때까지, 그리고 한인 사회가 하나님 안에서 웃을 때까지 저와 우리 교회는 하나님의 사명을 이루어 갈 것입니다.

❘ 시련을 통해 잠든 영혼을 깨우기 원하십니다

하박국은 여호와긴 시대에 남유다에서 활동하던 선지자였습니다. 여호와긴은 하나님을 등지고 배척했던 왕이었습니다. 그러니 백성도 영적으로 무너져 있던 시대였겠지요. 모든 것이 위기에 처했던 순간, 하박국은 두 가지 중요한 질문을 하나님 앞에 던집니다.

"여호와여 내가 부르짖어도 주께서 듣지 아니하시니 어느 때까지리이까 내가 강포

로 말미암아 외쳐도 주께서 구원하지 아니하시나이다" 합 1:2

하박국은 하나님께 묻습니다.

"하나님, 지금 유다 사회가 이렇게 무너지고 있습니다. 영적으로나 사회적으로나 제대로 서 있는 것이 없습니다. 그런데 왜 지켜만 보고 계십니까? 하나님의 백성 아닙니까? 하나님의 나라 아닙니까? 그런데 어찌하여 지켜만 보십니까?"

자신을 위해서 부르짖는 것이 아닙니다. 하나님의 백성, 하나님의 나라를 위해 고통을 끌어안고 기도하는 것입니다. 도대체 당시 유다 상황이 어떠했기에 하박국이 이렇게 부르짖는 것일까요?

"어찌하여 내게 죄악을 보게 하시며 패역을 눈으로 보게 하시나이까 겁탈과 강포

가 내 앞에 있고 변론과 분쟁이 일어났나이다 이러므로 율법이 해이하고 정의가 전

혀 시행되지 못하오니 이는 악인이 의인을 에워쌌으므로 정의가 굽게 행하여짐이

니이다" 합 1:3-4

하나님의 말씀은커녕 정의가 완전히 바닥에 떨어진 세상입니다. 악인이 판을 치고 죄악과 패역이 당연시되는 시대입니다. 그런데 왜 두고만 보시냐고 부르짖는 하박국에게 하나님이 말씀하십니다.

"내가 다 알고 있다. 그들이 유다 민족이라 해도 내가 반드시 심판을 하겠다. 바벨론을 들어서라도 그들을 심판할 것이다."

하박국은 하나님의 말씀에 귀를 의심했습니다. 하나님의 나라, 하나님의 백성이기에 그들이 잘못했다면 심판하는 것이 당연하겠지요. 그런데 바벨론을 들어서 심판하시겠다니, 하박국은 자기가 지금 제대로 들은 것이 맞는지 궁금했습니다. 그래서 다시 하나님께 묻습니다.

"하나님, 우리가 잘못해서 심판받는 것은 당연하지만, 바벨론은 우리보다 더 악한 자들 아닙니까? 그들은 하나님을 무시하고 우상을 섬기는 자들입니다. 그런데 그들을 통해서 우리를 심판하신다니요. 하나님, 이건 아니잖아요?"

하박국이 우리 마음을 너무나 잘 대변해 주고 있지 않습니까? 우리가 주님께 잘못해서 책망을 받는 것은 당연하지만 우리보다 더 악한 자들을 통해서 우리를 심판하신다면, 그건 납득하기가 어렵지요. 그런데 하나님이 그걸 모르시겠습니까? 하나님은 다시금 하박국에게 말씀하십니다.

"바벨론이 잘해서 그들을 들어 너희를 심판하는 것이 아니란다. 저들도 똑같이 패역한 백성이다. 내가 저들을 통해서 유다 민족을 먼저 심판하고 그다음 바벨론에게도 상응하는 심판을 할 것이다."

여기까지의 대화가 하박국 1-2장에 등장하는 내용입니다. 그리고 3장에서 '하박국의 기도'가 시작됩니다. 그런데 3장을 읽어 보면 기도문이라기보다는 하나님을 향한 찬양입니다. 하나님 영광을 높여 드리는 고백이 잘 나타나 있습니다. 우리는 기도할 때 주로 어떻게 마칩니까? "하나님, 제 기도를 들으시고 이루어 주옵소서" 합니다. 그러나 하박국은 하나님을 찬송하고 그분께 영광을 돌리며 기도를 마쳤습니다.

하박국은 하나님의 설명을 다 들었습니다. 반드시 이 땅을 심판하고 공의를 세우겠다고 하신 약속을 들었습니다. 하나님의 섭리를 깨달은 하박국이 고백합니다.

> "여호와여 내가 주께 대한 소문을 듣고 놀랐나이다 여호와여 주는 주의 일을 이 수 년 내에 부흥하게 하옵소서 이 수년 내에 나타내시옵소서 진노 중에라도 긍휼을 잊 지 마옵소서" 합 3:2

하박국은 주께 대한 소문을 듣고 놀랐다고 합니다. 여기서 '소문'은 여기저기서 들리는 말을 의미하는 단어가 아닙니다. 히브리어로 '샤마흐'라고 기록되어 있는데, 이것은 '듣다'라는 뜻입니다. 원서에서는 이 단어를 두 번 반복하고 있습니다. 즉 하박국은 "주님, 제가 듣고 또 듣고 난 후 하나님을 진실로 경외하게 되었습니다" 하고 고백하는 것입니다. 무엇을 들었기에 하나님을 경외하게 된 것입니까? 바로 하나님이 행하실 일, 바벨론을 통해 유다 민족을 심판하실 것이라는 사실을 듣고 경외하게 되었다고 하는 것입니다. 이 사실이 무엇이라고 하박국은 경외한다고까지 이야기하는 것일까요? 그는 심판을 통해서라도 당신의 나라, 당신의 민족을 바르게 세우시겠다는 하나님의 마음을 보았습니다. 사랑하는 아들에게 회초리를 대는 어머니의 안타까운 심정, 자식을 바르게 세우려는 아버지의 마음, 그 하나님의 마음을 하박국이 본 것입니다.

하박국과 동시대에 활동하던 선지자가 있었지요. 유다의 멸망을 보면서 눈물로 고통스럽게 기도했던 선지자 예레미야입니다. 그는 예레미야애가에 하나님의 마음을 잘 기록해 두었습니다.

"주께서 인생으로 고생하게 하시며 근심하게 하심은 본심이 아니시로다" 애 3:33

사랑하는 자기 백성을 이방 나라와의 전쟁에서 지게 만들고, 타국에 팔아넘겨 고생하게 하는 것이 하나님의 본심이 아니라는 것입니다. 그러면 하나님의 본심은 무엇일까요? 비록 이 땅에서 멸망을 경험하더라도 당신의 백성이 하나님 앞에 바르게 돌아오기를 바라시는 것입니다. 그 백성이 하나님과의 관계를 회복하고 말씀을 회복하기를 원하시는 것입니다.

오늘날 팬데믹을 지나는 우리에게도 하나님이 같은 말씀을 주십니다. 우리 교회는 매주 화요일 '목사님 궁금해요'라는 제목의 인터넷 방송을 진행하고 있는데, 한 번은 '코로나 바이러스와 종말'이라는 주제를 다룬 적이 있습니다. 인터뷰 진행자가 "목사님, 코로나 바이러스는 하나님이 우리에게 주시는 심판입니까?" 하고 질문했습니다. 우리가 생각하는 사랑의 하나님은 은혜와 자비를 베푸시는 분이지요. 그런데 그런 하나님이 우리에게 힘겨운 코로나 바이러스 또한 허락하셨습니다. 이 모든 것은 하나님의 주권 하에 이루어지는 일입니다. 그러면 우리가 지금 이 어려움을 겪는 것이 하나님이 진심으로 바라는 일이겠습니까? 아닙니다. 하나님은 우리가 이 시간을 통해서 주님을 더 깊이 만나고 그분 앞에 더 가까이 나아오기를 원하십니다. 이 기회를 통해 잠든 영혼이 깨어나 하나님을 더 알길 원하십니다. 개인의 영성뿐 아니라 내 자녀와 온 가족, 온 교회가 하나님 앞에 깨어나기를 원하십니다. 이러한 하나님의 마음을 안다면 심판은 우리를 깨우는 메시지가 될 것입니다.

▌진노 중에도 자비와 긍휼을 잊지 않으십니다

많은 그리스도인과 교회가 하박국 3장 2절 말씀을 오해합니다. 어떤 교회는 "주의 일을 이 수년 내에 부흥하게 하옵소서"라는 이 구절을 표어로 삼기도 합니다. 그만큼 부흥이라는 단어를 성도들이 귀하게 여기기 때문일 것입니다. 그런데 이 구절의 '부흥'은 우리가 아는 그 뜻이 아닙니다. 하박국이 하나님의 심판 계획을 듣고 알게 되었으니 그 "주의 일"을 속히 이루어 달라고 기도하는 것입니다.

하박국은 어떻게 심판을 위해 기도할 수 있었을까요? 심판은 심판으로 끝나는 것이 아니라 하나님의 백성이 하나님 앞에 바르게 세워지는 길이라는 것을 하박국이 본 것입니다. 모든 고난의 시간이 지나가고 나면 다시금 백성을 회복시켜서 당신의 나라로 세우고자 하시는 하나님의 마음을 본 것입니다. 이 하나님의 마음을 아는 것이 중요합니다. 이것을 알면 심판 중에서도 감사하면서 이겨 낼 수가 있습니다. 하나님의 본심은 우리에게 고난과 고통을 주는 것이 아니라는 사실을 알아야 합니다. 그래야 고난 중에서도 하나님 앞에 감사하며 희망 가운데 이겨 낼 수 있습니다. 코로나의 숲을 지나가면서 성도님들을 위해서 늘 기도하는 것이 있습니다.

"주님, 우리가 광야 길을 지나고 있는데 평소에는 맛보지 못했던 만나를 맛보게 도와주십시오. 광야 길을 지나갈 때, 사방이 막힐 때 홍해를 가르시는 하나님을 만나게 도와주십시오. 언젠가 이 시간이 다 지나가고 난 후에 오늘을 돌아보면서 사랑하는 자녀들에게 그때 하나님이 이렇게 역사하셨노라고, 나는 하나님 앞에서 이렇게 다시금 일어났노라고 간증할 수 있게 해 주십시오. 이 시간을 이겨 내고 승리할 수 있도록 은혜를 더하여 주십시오."

하박국 선지자는 심판을 간구하고 있지만, 그의 눈은 차갑지 않습니다. 하나님께 진노 중에라도 긍휼을 잊지 말아 달라고 간구합니다. 우리가 행한 일을 생각하면 마땅히 벌을 받아야 하지만, 하나님을 버렸고 우상을 섬겼지만, 그래도 우리를 불쌍히 여겨 달라고 간구합니다. 하박국의 이 기도가 얼마나 고마운지 모르겠습니다. 지금을 살아가는 우리를 향한 기도이기도 하지 않습니까? 하나님 앞에 영적인 민낯으로 나아간다면 살아남을 사람이 누가 있겠습니까? 다 주님의 진노의 대상이 되어 사라져 버릴 우리 인생들입니다. 주님의 긍휼과 자비가 아니라면 한 순간도 살아갈 수가 없습니다. 예레미야는 하나님의 이 신실하심을 알고 이렇게 기도합니다.

"여호와의 인자와 긍휼이 무궁하시므로 우리가 진멸되지 아니함이니이다 이것들이 아침마다 새로우니 주의 성실하심이 크시도소이다" 애 3:22-23

우리 모두는 하나님의 진노의 잔을 받아 마땅합니다. 그런데 하나님이 하신 일이 무엇입니까? 그 모든 진노의 잔을 당신의 아들 예수께로 다 쏟아부으셨습니다. 예수님은 그 모든 진노의 잔을 마시고 서른셋 젊은 나이에 십자가에서 피를 흘려 죽으셨습니다. 주님이 채찍에 맞으시고 피 흘리심으로 우리가 나음을 입고 생명을 얻게 된 것입니다. 그 하나님의 자비와 긍휼하심 때문에 우리가 지금도 살아 있습니다.

▌세상을 살아갈 힘은 하나님으로부터 옵니다

심판의 절망스러운 상황 속에서 하박국의 말씀이 기록되었습니다. 나라가 무너지고 모든 게 다 초토화된 처참한 상황, 그때 하박국은 "내가 여호와로 말미암아 즐거워하며 구원의 하나님으로 인해 기뻐하겠습니다" 하고 외치는 것입니다(합 3:18).

우리나라 역사를 보면 이 말씀이 참 실감나게 다가옵니다. 일제강점기에 우리나라는 이 땅에서 난 모든 것을 빼앗기는 아픈 역사를 겪었습니다. 먹을 것, 입을 것, 심지어 이름도, 우리말도 쓸 수 없었습니다. 자녀를 빼앗기고 부모를 빼앗겼습니다. 그뿐입니까? 나라를 되찾고 이제 조금 살만한가 싶어지니 한국전쟁이 터졌습니다. 전쟁의 포화에 모든 것이 잿더미가 되어 버린 상황을 우리 할아버지, 할머니 세대가 겪지 않았습니까? 그런데 이제는 목숨을 노리는 바이러스가 전 세계적으로 퍼졌습니다. 사랑하는 가족과 친척, 이웃을 잃었습니다. 때로는 생계가

달린 사업장 문을 닫아야 했습니다. 내일이 어떻게 될지 모르는 막막한 오늘을 살아가고 있습니다. 생각지도 못한 고통스러운 현실 앞에서 하박국은 이렇게 고백합니다.

"내가 여호와로 말미암아 즐거워하며 구원의 하나님으로 인해 기뻐하겠습니다."

이 고백을 누가 합니까? 무화과나무가 무성하지 않고 포도나무에 열매가 없고 감람나무에 소출이 없고 밭에 먹을 것이 없고 우리에 양이 없고 외양간에 소가 없는 사람이 합니다. 그래서 이 고백이 더욱 위대한 것입니다. 비록 지금 가진 모든 것이 사라지더라도, 먹을 것이 없고 입을 것이 없고 생존 자체가 위협을 받더라도 하나님 한 분만으로 즐거워하며 기뻐하겠다고 고백하는 것입니다. 이것은 신앙인만이 할 수 있는 고백입니다. 하나님을 주인으로 모신 사람이 가지고 있는 비밀이 바로 이 위대한 고백에 있습니다.

바울은 이 위대한 비밀을 알았습니다. 성경의 많은 기자도 이 비밀을 알았습니다. 그들은 이렇게 고백합니다.

"다만 이뿐 아니라 우리가 환난 중에도 즐거워하나니…" 롬 5:3

"고난 당한 것이 내게 유익이라 이로 말미암아 내가 주의 율례들을 배우게 되었나이다" 시 119:71

그리스도인의 급진적 낙관주의가 어떤 것인지 보여 줍니다. 인생이 그런 것이니 그저 그러려니 하면서 살아가는 숙명론을 말하는 것이 아닙니다. 처참한 상황에서도 그리스도인이 기뻐하는 데는 이유가 있습니다.

모든 것을 주관하시는 하나님이 계시고, 세상이 다 사라져도 하나님이 내 손을 붙드시니 고난도 유익으로 받아들이는 것입니다. 내가 오늘 즐거운 이유는 상황이 좋게 흘러가고 계획대로 되어서가 아닙니다. 환난 중에도 하나님 때문에 즐거울 수 있습니다. 분명한 이유가 있는, 확신에 찬 고백인 것입니다.

세상을 바라보면 당연히 실망할 수밖에 없지요. 거기에는 죄악이 가득하지 않습니까? 나 자신을 바라봐도 결국 실망하고 낙심할 수밖에 없습니다. 우리는 그리 거룩한 존재가 아닙니다. 그러나 하나님을 바라보면 희망의 노래가 흐르고 소망의 찬송이 나옵니다. 눈을 들어서 하나님을 바라보면 우리가 감당하지 못하는 새 힘이 넘쳐 납니다.

하용조 목사님이 돌아가신 지 10년이 되었습니다. 10주년을 추모하면서 《하용조 목사 평전》이 출간되었더군요. 책을 읽으면서 하 목사님의 걸어오신 아름다운 인생을 다시 한번 보게 되었습니다. 표지에는 하 목사님의 활짝 웃는 사진이 실려 있는데, 사실 하 목사님 삶은 그리 미소 짓고 살 만하지 않았습니다. 대학생 시절 폐결핵을 앓았고, 1999년에는 처음 간암 수술을 받았습니다. 이후에도 10년 동안 여섯 번이나 더 간암 수술을 받아야 했습니다. 한번은 하 목사님의 삶을 잠시지만 깊이 들여다볼 기회가 있었습니다. 두란노에서 목회자 컨퍼런스를 하던 때였습니다. 미국에서 존경받는 교수님 한 분을 모셨는데, 제가 사흘 동안 통역을 맡게 되었습니다. 하 목사님은 당신의 사무실을 사용하도록 배려해 주셨습니다. 며칠 함께 시간을 보내면서 저는 깜짝 놀랐습니다. 사무실 한쪽에 화장실이 있었는데, 마치 병실 같았습니다. 각종 의료기구에 의약품들이 모여 있었습니다. 하 목사님은 그 고통스러운 병을 다 짊어지고, '내가 주님께 가는 그날까지 사역하리라' 하는 마음으로 달려온 것입니다. 그렇게 인생을 불태우다가 65세의 나이에 주님 품에 안긴 하 목사님은 그 수많은 고통을 감당하며 이런 말을 남겼습니다.

"고난이 나를 어쩌지 못했다. 사탄의 공격이 나를 망가뜨리지 못했다. 사탄의 공격이 와도, 병이 와도, 환경이 고통스러워도 우리를 어쩌지 못한다. 고난과 환경을 두려워할 필요가 없다. 하나님만 바라보고 나아가면 이상하게 파도를 넘듯이, 산을 넘듯이, 모든 고난을 뛰어넘어서 승리하게 된다. 나는 이것을 굳게 믿는다."

스스로에게 물어보기 바랍니다. 나는 어디에서 살아갈 힘을 얻고 있습니까? 무엇 때문에 즐거워하고 기뻐합니까? 우리나라는 OECD 국가 중 행복 지수가 낮은 나라로 잘 알려져 있지요. 오히려 치안이 위험한 나라들의 행복 지수가 높은 것을 볼 수 있습니다. 지금 우리는 인생의 즐거움과 기쁨을 누리고 있습니까? 만약 그렇지 않다면 어떻게 해야 즐거움과 기쁨을 누릴 수 있을 것 같습니까? 나를 힘들게 만들고 때로는 분노하게 만들고 화나게 만드는 일들은 무엇입니까? 마음을 빼앗기는 일들은 무엇입니까? 즐거움과 기쁨을 누려야 한다고 말한다면 아마도 많은 조건을 떠올릴 것입니다. '나에게 물질이 좀 더 많았으면…' '자녀의 인생이 내 생각대로 잘 펼쳐져 나갔으면…' '좀 더 건강하다면…' 하고 말입니다. 그러나 이런 조건들은 아무리 채우고 채워도 가득 차지 못할 것이고, 우리를 끝까지 지탱해 주지 못한다는 것을 깨닫게 할 뿐입니다. 결국 우리는 연약해질 것이라는 사실을 알고 있지 않습니까?

저는 가끔 셰넌도어국립공원(Shenandoah National Park)을 찾습니다. 산에 가면 어찌나 나무가 많은지요. 울창하게 자태를 뽐내다가도 쓰러지면 말라 거름이 되어 다시 산의 일부가 됩니다. 얼마나 멋진 광경입니까. 저는 그 마른 나무를 볼 때면 '집에 가져오면 장작으로 쓰기 정말 좋을 텐데' 하는 생각이 자연스럽게 들곤 합니다. 옛날 시골에서 살 때는 나무하러 돌아다녀도 마른 나무 찾기가 쉽지 않았습니다. 그때만 해도 제가 살던 시골에서는 나무로 밥도 하고 군불도 지폈던 시절이라 산에 마른 나무가 흔하지 않았습니다. 지금은 마른 장작이 없어 걱정하지 않아도 될 만큼 많은 것을 누리고 살고 있으니 얼마나 감사한 일입니까. 무엇 때문에 그렇게 불만이 생기는 것일까요? 하나님이 주시는 하늘의 기쁨, 감격을 다 상실해 버린 것은 아닙니까?

하박국은 기쁨의 조건은 그런 것들이 아니라고 말합니다. 젊어서 건강을 잃을 수도 있겠지요. 생각처럼 인생이 풀리지 않을 때도 있을 것입니다. 행복할 줄 알고 한 결혼 생활이 녹록치 않을 수도 있고, 이를 악물고 노력해서 개업한 사업장이 생각처럼 잘 운영되지 않을 수도 있습니다. 목사라고 예외가 있겠습니까? 하나님께 부름받고 목회를 하지만 생각처럼 사역이 펼쳐지지 않을 때가 왜 없겠어요? 그러나 그때가 중요합니다. 그리스도인으로서 하나님 한 분으로 잠잠히 감사하고 기뻐하고 즐거워할 기회입니다.

암 투병을 하고 계신 집사님을 만났습니다. 그분은 기도할 때마다 늘 똑같은 말을 합니다.

"이 암도 하나님이 주신 것입니다. 하나님이 주신 거라면 하나님의 하실 일이 있다는 것을 믿습니다. 주님께 다 맡기고 저는 편안하게 살아갈 뿐입니다."

하나님이 주신 거라면 아무리 극한 고통이라 할지라도 하나님이 하실 일이 있다는 것을 믿는 하나님의 사람, 이분을 보면서 사도 바울이 떠올랐습니다. 그는 정말 멋지게 살았지만 풀리지 않는 인생이었습니다. 주님을 위해 세상 모든 것을 다 배설물처럼 여기고 하나님께 인생을 던졌지만 그에게는 육체의 가시가 있었습니다. 이것으로 그가 얼마나 괴로워했는지 모릅니다. 그는 하나님께 육신의 질병이 떠나가기를 세 번이나 간절히 기도했습니다. 이왕 하나님 일을 하는 것, 마음껏 뛰어다닐 수 있었다면 얼마나 좋았을까요? 그렇지만 바울은 이런 고백을 남깁니다.

"나에게 이르시기를 내 은혜가 네게 족하도다 이는 내 능력이 약한 데서 온전하여짐이라 하신지라 그러므로 도리어 크게 기뻐함으로 나의 여러 약한 것들에 대하여 자랑하리니 이는 그리스도의 능력이 내게 머물게 하려 함이라" 고후 12:9

바울과 실라가 복음을 전하다 감옥에 잡혀 들어갔습니다. 그러면 "하나님, 왜 이러십니까?" 해야 하는 것 아닙니까? 그런데 바울은 감옥 안에서 기도하고 찬송하고 예배를 드렸습니다. 그때 감옥 문이 열리지요. 그렇지만 결국 바울은 다시 잡혀 들어가 죽게 되었습니다. 그때 바울은 말합니다.

"성도님들, 걱정 마세요. 기뻐하세요. 다시 말하는데, 기뻐하세요."

누가 이런 고백을 할 수 있겠습니까? 하나님을 바로 아는 사람, 하나님을 심장에 새긴 사람, 관념적으로가 아니라 실제적으로 은혜를 아는 사람, 성령에 사로잡혀 하나님에 의해 움직이고 있는 사람이 할 수 있는 위대한 고백입니다. 이런 사람들은 환난이 에워싸도 하나님의 오른손이 지키고 계심을 알기에 기뻐합니다. 광야 길을 걸어도 주님이 계시기에 하늘의 평강과 지극한 만족을 노래합니다. 그때 어떤 일이 일어날까요?

"주 여호와는 나의 힘이시라 나의 발을 사슴과 같게 하사 나를 나의 높은 곳으로 다니게 하시리로다 이 노래는 지휘하는 사람을 위하여 내 수금에 맞춘 것이니라"

합 3:19

여호와를 기뻐하는 것이 우리에게 힘이 됩니다. 여호와를 기뻐할 때 우리는 주님을 의지해 마치 사슴처럼 저 고난의 언덕을 뚫고 산에 오를 수 있습니다. 고난의 언덕을 넘어 하나님이 맡기신 사명을 이루어 나갈 수 있습니다.

인생의 무화과나무가 말라 버렸습니까? 감람나무, 포도나무의 열매가 전혀 보이지 않습니까? 밭에 소출이 하나도 없고 양과 소가 사라져 버렸습니까? 계획대로 풀리지 않아서 괴롭습니까? 내일이 보이지 않아 막막합니까? 그렇다고 해도 인생이 끝난 것은 아닙니다. 죽음의 위기 앞에서 하나님을 바라보며 한 하박국의 고백을 기억하기 바랍니다. 잠잠히 눈을 들어 하나님을 바라보기 바랍니다. 그분과 눈을 마주하는 순간 세상 고난은 다 사라져 버립니다. 모든 것을 이겨 낼 수 있는 힘은 하나님한테서 옵니다. 그때는 세상을 다 얻어도 결코 누릴 수 없는 하늘의 기쁨을 맛보게 될 것입니다. 주님과 함께 기꺼이 고난의 언덕을 뛰어오르기 바랍니다. 상황을 초월하는 하나님의 기쁨으로 멋진 사명을 이루어 내는 하나님의 사람 되기를 주의 이름으로 축복합니다.

8장 요나:

벼랑 끝에 내몰렸다면
분명 이유가 있습니다

_ 요나 2:1-10

인생의 벼랑 끝에 선다는 것은 무엇일까요? 모든 소망이 다 끊어지는 상황이라는 말이겠지요. 그러나 아이러니하게도 인생의 벼랑 끝은 전능하신 하나님, 창조주 하나님을 만나는 계기가 되기도 합니다.

벼랑 끝에서 하나님을 만나 새로운 역사를 써 내려가는 한 분을 만났습니다. 강준민 목사님입니다. 강 목사님과의 첫 만남은 특별했습니다. 함께 저녁 식사를 하면서, 차를 마시면서, 심지어 제가 묵던 숙소 앞까지 데려다 주시면서 차 안에서 밤늦도록 많은 말씀을 들려주셨습니다. 강 목사님은 참 많은 사람에게 존경받는 목회자이지요. 그런데 그분의 삶의 이야기를 들으면서 '목사로서, 한 인간으로서 이런 수모와 고통을 겪을 수 있는가' 하는 생각이 들었습니다. 그 수많은 인생의 고비를 다 이겨 내고 다시 일어서신 강 목사님, 그분을 다시 일으켜 세워 주신 하나님의 은혜가 유독 크게 느껴졌습니다.

강 목사님의 저서 《벼랑 끝에서 웃게 하시는 하나님의 은혜》에는 이런 글이 있습니다.

"벼랑 끝에 서는 것은 축복입니다. 저는 벼랑 끝에서 하나님을 가장 깊이 체험했습니다. 벼랑 끝은 위험한 장소였지만 그 벼랑 끝에서 새로운 문이 열리는 기회를 만났습니다. 위기가 기회로 변한 곳이 벼랑 끝이었습니다. 하나의 문이 닫히면 또 다른 문이 열리는 것처럼, 벼랑 끝에서 새로운 문이 열리는 경험을 했습니다."

인생길에서 벼랑 끝에 몰리는 상황 한번 겪지 않는 사람이 어디 있겠습니까? 그러나 강 목사님처럼 벼랑 끝에 서는 것이 축복이고 위기가 기회가 된다는 고백은 아무나 할 수 없습니다. 그보다는 벼랑 끝에서 무너지는 사람이 많을 것입니다. 과연 이 둘의 차이는 무엇일까요?

성경에도 벼랑 끝에 선 선지자가 등장합니다. 바다에 던져진 요나입니다. 죽은 줄 알았는데 눈을 떠 보니 물고기 배 속이었습니다. 벼랑 끝에 선 것이 아니라 벼랑에서 떨어진 사람이었습니다. 그런데 그 떨어진 자리에서 요나는 하나님을 만났습니다. 다시 한번 주님 앞에서 일어나는 기회가 생겼습니다.

사람이 정말 물고기 배 속에서 살아남을 수 있을까요? 2021년 6월, 흥미로운 기사를 읽었습니다. 메사추세츠 주 케이프 코드에서 한 잠수부가 바다로 뛰어들었다가 갑자기 천지가 캄캄해지는 경험을 했다고 합니다. 알고 보니 고래가 그를 삼켰고 30-40초 후에 토해 냈다는 것입니다. 잠수부는 고래 배 속으로 들어가는 도중 무언가에 짓눌리면서 죽을 것 같은 고통을 경험했다고 합니다. 그런데 요나는 3-4일 정도 되는 긴 시간 동안 물고기 배 속에 머물렀습니다. 과연 그에게 어떤 일이 일어났던 것일까요?

▌벼랑 끝으로 인도하셨다면 하실 일이 있으신 겁니다

하나님이 선지자 요나에게 말씀하십니다.

"일어나 니느웨로 가서 복음을 전하라."

하나님의 말씀이 떨어지자마자 그는 바로 길을 떠납니다. 하나님의 말씀에 순종하여 니느웨로 간 것이 아닙니다. 요나는 니느웨의 정반대 방향인 다시스로 떠났습니다. 하나님의 낯빛을 피해서 도망간 것입니다.

하나님은 이런 요나를 다시 찾아오십니다. 그를 바다에 던지셨고 물고기에게 명하여 그를 삼키게 하셨습니다. 이런 하나님께 얼마나 고마운지 모릅니다. 하나님의 말씀을 저버리고 도망가는 요나를 그냥 두지 않으시고 끝까지 찾아가서서 마침내 다시금 일으켜 세우시지 않습니까? 만약 하나님이 도망가는 요나를 그냥 내버려 두셨더라면 요나의 인생은 거기서 끝났을 것입니다. 그러나 하나님은 우리가 생각과 상황에 무너지더라도 결코 잡은 손을 놓지 않으십니다. 바다의 풍랑과 물고기에게 명령하셔서라도 다시 일으켜 세우십니다. 그런 분이 계시기에 우리 같은 죄인에게도 소망이 있습니다.

요나는 졸지에 물고기 배 속에 떨어집니다. 그 죽음의 처참한 상황 속에서 요나가 할 수 있는 것이 무엇이었겠습니까? 기도밖에 없었습니다. 그런데 이 기도밖에 할 수 없는 상황이 바로 하나님의 은혜입니다. 우리는 주님께 전심으로 맡기고 기도하기에는 너무 복잡한 삶을 살고 있습니다. 너무나 건강해서 기도하지 않습니다. 가진 것이 많아 불편함이 없어서 기도를 잃어버렸습니다. 하나님 앞에서 절박한 심정이 되는 것이, 진실로 하나님 앞에 기도하는 것이 얼마나 어려운 시대입니까?

벼랑 끝에 섰습니까? 물고기 배 속에 있는 듯한 시간을 보내고 있습니까? 눈에 보이는 것도 없고 아무런 소망이 없는 인생길을 걷고 있습니까? 벼랑에서 떨어져 인생이 끊어져 버린 듯한 아픔을 품에 안고 살아가고 있습니까? 꼭 기억하기 바랍니다. 하나님께서 나를 이곳까지 인도하셨다면 하실 일이 있으신 것입니다. 우리 눈에는 칠흑 같은 어둠이지만 하나님은 그 상황을 통해 우리에게 더 가까이 다가오기를 원하시는 것입니다.

요나는 그 죽음의 상황 속에서 하나님 앞에 간절한 마음으로 기도했고, 하나님은 친히 응답해 주셨습니다. 하나님이 듣고 응답하시는 기도는 어떤 기도일까요? 요나를 통해서 세 가지로 살펴보려고 합니다.

첫째, 요나는 절망 속에서 하나님을 인정하며 기도드렸습니다. 많은 사람은 어려운 상황을 겪거나 고난에 처하면 "사랑의 하나님께서 왜 나에게 이런 고난을 주십니까? 이런 어려움을 주시는 이유가 무엇입니까?" 하고 기도합니다. 그러나 하나님을 아는 사람은 해석이 다릅니다. 그들은 '하나님께서 나에게 고난을 주시는 것은 이 일을 통해서 하실 일이 있기 때문이다'라고 해석합니다. 그리고 그 자리에서 하나님을 바라봅니다.

요나가 하나님께 간절히 기도했다는 표현이 히브리어 성경에 미완료형으로 기록되어 있습니다. 미완료형은 그 일을 멈추지 않고 지속하는 것을 뜻합니다. 즉 요나는 하나님 앞에서 지속적으로 끈질기게 기도한 것입니다. 그 모습이 어땠을까요?

"이르되 내가 받는 고난으로 말미암아 여호와께 불러 아뢰었더니 주께서 내게 대답하셨고 내가 스올의 뱃속에서 부르짖었더니 주께서 내 음성을 들으셨나이다"

욘 2:2

지금 요나는 이 고난이 닥친 것을 하나님께서 나에게 주신 것으로 여기고 하나님을 인정하며 믿음으로 나아가서 부르짖고 있습니다. 1장에는 가서 복음을 전하라는 명령을 듣고 하나님을 피해 도망갔지요. 그러나 물고기 배 속, 그 처참한 죽음의 상황에서 자기 자신의 영혼을 보았습니다. 무너져 있는 선지자의 모습을 보았습니다. 하나님의 말씀에 불순종하고 제 갈 길을 갔던 모습. 그런데 죽음의 상황이 닥치니 하나님 앞에 간절히 나아갔고, 하나님을 다시금 체험하는 선지자가 되었습니다.

이런 처참한 상황 속에서 하나님을 만났던 믿음의 선배들이 있지요.

엘리야가 아합과 이세벨의 죽음의 위협으로부터 도망가 동굴 속에서 벌벌 떨면서 하나님 앞에 간구했을 때 하나님은 그를 만나 주셨습니다. 사도 요한 또한 밧모섬에 유배되어 옴짝달싹 못 하고 있을 때 하나님을 만났고, 하늘이 열려 요한계시록을 기록했습니다. 세상이 무너진 것 같을 때, 내 인생이 끝났다는 생각이 들 때 다시 한번 눈을 들어 하나님을 바라보기 바랍니다. 때로는 죄악 속에서 허덕였을지라도 다시 주님 앞에 무릎 꿇기를 바랍니다. 그때가 바로 하나님께서 역사하실 기회입니다.

그렇다면 요나는 과연 하나님 앞에 뭐라고 기도했을까요?

"주께서 나를 깊음 속 바다 가운데에 던지셨으므로 큰 물이 나를 둘렀고 주의 파도와 큰 물결이 다 내 위에 넘쳤나이다" 욘 2:3

요나의 고백이 놀랍지 않습니까? 지금 요나는 자신이 왜 바다에 던져졌고 물고기 배 속에 들어와 있는지 이유를 알게 되었습니다. 이 모든 게 하나님이 하신 일이었다는 것입니다. 하나님이 주신 고난이라면 해결도 하나님이 하신다는 것, 그 모든 과정에서 하나님이 영광 받으신다는 것을 요나는 이제야 깨달았습니다. 이 기도에는 하나님을 향한 절대적인 믿음이 있습니다. 어떤 상황에서도 하나님은 나를 인도하고 지키신다는 믿음이 담겨 있습니다.

하나님이 주신 것임을 알면 고난에 대한 해석이 달라집니다. 고난이 불평이나 원망의 대상이 아니라 하나님이 들려주시는 특별한 사랑의 통로가 되는 것입니다. 고난은 하나님의 사랑의 음성을 들려주는 확성기와 같습니다. 살면서 하나님의 음성을 듣기가 쉽습니까? 우리는 인생이 너무나 복잡하고 분주해서 하나님의 말씀에 귀를 기울이지 못하고 살아갑니다. 내 생각만으로 가득차서 하나님의 말씀이 뚫고 들어오지 못합니다. 내 자아 중심의 인생을 삽니다. 그런 인생에 어느 날 고난이 닥칩니다. 기도 말고는 아무것도 할 수 없는 순간이 찾아옵니다. 고난을 계기로 하나님이 찾아오셔서 말씀하십니다. 그래서 고난은 하나님을 만나는 통로입니다.

힘겨운 시간을 지나가는 성도님들을 만나면 이런 이야기를 합니다.

"목사님, 이 고난을 만났기에 제가 이만큼이라도 살아가고 있는 것입니다."

저는 종종 평탄하게 살면서 어느 정도 주님을 의지하고 살아가는 것보다는 차라리 고난을 당하더라도, 벼랑 끝에서 떨어지더라도 그곳에서 정말 하나님을 만나는 인생이 되게 해 달라고 기도합니다. 그것이 그리스도인의 삶이기 때문입니다.

▍하나님을 바라볼 때 다시 일어날 힘을 얻습니다

둘째, 요나는 절망 속에서 하나님을 바라보며 기도드렸습니다. 하나님을 바라본다는 것이 얼마나 소중한 일입니까? 가룟 유다와 베드로의 차이가 무엇이었을까요? 둘은 똑같이 하나님 앞에 범죄했습니다. 가룟 유다는 예수님을 팔아넘겼고 베드로는 예수님을 부인한 데다가 저주했지요. 그리고 둘 다 똑같이 스스로 범죄했음을 깨달았습니다. 그런데 이 둘에게는 분명한 차이가 있었습니다. 가룟 유다는 하나님을 바라보지 못하고 낙심하고 절망하여 스스로 삶을 끝냈습니다. 그러나 베드로는 그 순간에 눈을 들어서 하나님을 바라보았습니다.

요나 역시 마찬가지였습니다. 그는 아무것도 할 수 없는 처참한 상황에서 하나님을 바라보았습니다. 그때 요나는 깨달았습니다. 하나님의 부름을 받았지만 말씀대로 살아 내지도 못하고 전하라는 말씀을 제대로 증거하지도 못한 채 자기 길로 도망가 버린 선지자, 이것이 자기 영혼의 현주소라는 것을 말이지요. 하나님은 이방인들을 사랑해서 복음을 전하라 하셨지만 정작 자기는 민족정신에 사로잡혀서 저들은 안 된다고 굳게 믿고 도망친 것입니다. 그런데 자기 죄를 맞닥뜨린 그 처참한 상황에서 요나가 한 일은 하나님을 바라보는 것이었습니다.

"내가 말하기를 내가 주의 목전에서 쫓겨났을지라도 다시 주의 성전을 바라보겠다 하였나이다" 욘 2:4

믿음을 설명하는 다양한 표현이 있겠지만, 저는 '바라보기'라고 말하고 싶습니다. 우리가 다 믿음이 좋아서 평생 주님과 흔들림 없이 동행한다면 얼마나 좋겠습니까? 그러나 우리의 삶이 주님 보시기에 부끄러울 때가 너무나 많습니다. 낙심하고 무너지고 온갖 죄의 허물을 뒤집어 씁니다. 설령 그런 자신을 깨닫는 순간이라 하더라도 평생 주님과 눈을 마주하며 살아가는 것, 그것이 믿음의 사람이 갖추어야 할 모습입니다. 모든 소망이 끊어졌을 때 요나가 한 일이 또 있습니다.

"내 영혼이 내 속에서 피곤할 때에 내가 여호와를 생각하였더니 내 기도가 주께 이르렀사오며 주의 성전에 미쳤나이다" 욘 2:7

요나의 생각이 기도가 되었고, 그 기도가 하나님 앞에 이르렀을 때 하나님은 응답해 주셨습니다. 성경을 보면 멋지게 하나님 앞에 쓰임을 받다가 처참한 모습으로 떨어지는 사람이 등장합니다. 그중 하나가 삼손입니다. 그가 하나님의 말씀을 저버리자 받은 능력이 다 사라졌습니다. 결국 적국에 사로잡혀 두 눈이 뽑힌 채 노예로 살아가는 처지가 됐습니다. 삼손이 마지막 순간 다시 한번 하나님을 바라봅니다. 그리고 기도합니다.

"하나님, 나에게 다시 한번 마지막 힘을 주십시오. 하나님을 저주하는 이 사람들을 심판하실 때에 내가 통로가 되어 쓰이기를 원합니다."

하나님은 이 기도를 들어 주셨습니다. 삼손을 블레셋 사람들을 심판하는 도구로 사용해 주셨습니다. 마지막 순간 무너졌던 자신을 일으켜 하나님을 바라본 삼손, 그를 통해 역사하신 것입니다.

성령이 지배하는 삶이란 무엇일까요? 내 자아가 죽은 삶, 육신을 십자가에 못 박은 삶, 더는 내가 나를 주장하지 않는 인생이 되는 것입니다. 그렇게 된다면 우리가 완전한 성화를 이루게 되는 것일까요? 웨슬리안, 특히 감리교 웨슬리안들은 이 주제를 두고 "완전한 성화가 가능하다"고 말합니다. 우리가 주님의 은혜로 완전히 지배될 때 완전 성화가 가능하다는 것입니다. 그러나 칼빈주의 개혁신학은 우리가 아무리 열심을 낸다 할지라도 완전한 성화는 불가능하다고 주장합니다. 우리가 이 땅에 사는 동안에는 육신의 죄와 싸워야 한다는 것이지요. 우리 삶은 그저 하나님 나라에 이를 때까지 죄와 싸우며 주님과 닮아 가기 위해 달려가는 것뿐입니다.

우리가 살면서 해야 할 일은 무엇일까요? 마지막 순간까지도 주의 은혜에 의지하여 주님을 바라보는 것, 끊임없이 주님을 의지하는 것입니다. 그것이 신앙인의 삶입니다. 절망의 길을 걷고 있습니까? 주님 보시기에 안타까운 모습으로 살고 있습니까? 요나는 이 구덩이에서 건져 달라고, 살려 달라고 기도하지 않았습니다. 그저 하나님을 바라보았습니다. 그것이 해결책이라는 사실을 알았기 때문입니다.

오늘날 우리가 바라봐야 할 성전이 무엇일까요? 요나가 이전에 바라보았던 솔로몬의 성전입니까? 지금 우리가 바라봐야 할 것은 이 땅에 오신 예수 그리스도입니다. 그분을 바라볼 때 새 힘을 얻고 다시 일어날 수 있는 용기를 얻습니다. 이 비밀을 깨달은 시편 기자가 주님 앞에 놀랍게 외칩니다.

"내 영혼아 네가 어찌하여 낙심하며 어찌하여 내 속에서 불안해 하는가 너는 하나님께 소망을 두라 그가 나타나 도우심으로 말미암아 내가 여전히 찬송하리로다"

시 42:5

인생의 바닥을 칠 때, 꼭 기억하기 바랍니다. 다시 한번 영의 눈을 열어서 하나님을 바라보기 바랍니다. 모든 문제의 해결책이 거기에 있습니다.

▎ 감사 기도는 상황이 어떠해서 하는 것이 아닙니다

셋째, 요나는 절망 속에서 하나님께 감사하며 결단하는 기도를 드렸습니다. 요나의 기도에는 특별한 것이 있습니다. 이 절망의 순간에 살려 달라고 기도하지 않았다는 것입니다. 그보다 하나님을 인정하고 바라보고 하나님께 감사하며 나아갔습니다. 그 기도를 통해 하나님이 역사하셨습니다.

"나는 감사하는 목소리로 주께 제사를 드리며 나의 서원을 주께 갚겠나이다 구원은 여호와께 속하였나이다 하니라" 욘 2:9

놀랍지 않습니까? 이 처참한 순간에 하나님께 감사 기도를 드리는 요나. 우리가 언제 감사 기도를 드려야 하는지 정확하게 보여 주고 있습니다. 인생이 생각처럼 펼쳐지고 좋은 일이 일어났을 때 감사 기도를 드리는 것, 물론 귀한 일입니다. 그런데 진정한 감사는 상황의 어떠함이 아니라 하나님이 하나님이시기에, 예수 그리스도가 예수 그리스도이시기에 드리는 것입니다. 홍해가 갈라져도 감사할 일이지만, 갈라지지 않는다 해도 하나님이 나의 하나님이시기에 감사해야 하는 것입니다. 신비한 사실은 하나님은 그때 역사하신다는 것입니다.

언젠가 특별한 글을 하나 읽었습니다. 텍사스대학교 MD앤더슨 암 센터의 한 의사가 쓴 의학 보고서였습니다. 암 센터에서 근무하다 보면 의학적으로 도저히 치료할 수 없어 시한부 인생을 살아가는 환자를 종종 만나겠지요. 그런데 그중에서 기적적으로 살아나는 사람들이 있다고 합니다. 그런 사람들을 연구해 보니 두 가지 공통점이 있더랍니다. 하나는 감사하는 사람, 또 하나는 기뻐하는 사람입니다. 감사하고 기뻐할 때 죽음의 질병도 이겨 내는 기적이 일어난다는 말입니다.

우리 교회 성도님들을 만나 보면 참 어려운 시간을 지나가는데도 행복해하면서 감사하고 기뻐하는 모습을 종종 보게 됩니다. 목사로서 얼마나 위안과 힘을 얻는지 모릅니다. 최근 한 성도님을 심방했습니다. 병원에서 의학적으로는 할 수 있는 일이 없다고 하여 퇴원했다고 했습니다. 얼마나 낙심되는 일입니까? 만나 보니 의자에 앉아 있기도 힘들어했습니다. 혼자 일어나 거동하는 것은 당연히 불가능했습니다. 그분이 유일하게 마음껏 할 수 있는 것이 말하는 일이었습니다. 입을 열어 기도할 수 있었습니다. 그분이 제게 말했습니다.

"목사님, 매일 밤 12시가 되면 하나님께 기도함으로 그날을 시작합니다. 매일매일 감사할 뿐입니다. 이렇게 살아 있는 것도 감사하고, 이제 조금씩 인생을 마무리하려고 하는데 이런 시간을 주신 것도 감사합니다."

온 얼굴 가득한 미소를 지으며 말씀하는 성도님, 그것은 하나님이 주시는 은혜였습니다.

주님 앞에서 무너졌던 한 사람, 처참한 죽음의 순간에 기도로 나아갔던 요나, 그가 남긴 마지막 위대한 한 마디가 있습니다.

"구원은 여호와께 속하였나이다."

정말 위대한 한 문장이지요. 요나는 고난의 문턱, 벼랑 끝에서 구원의 하나님을 만났습니다. 상황과 상관없이 하나님을 인정하고 바라보며 기도했습니다. 하나님은 그런 요나에게 어떻게 응답하셨을까요?

"여호와께서 그 물고기에게 말씀하시매 요나를 육지에 토하니라" 욘 2:10

죽음의 현장에서 그의 영혼도, 육신도 살아났습니다. 하나님의 끝없는 긍휼과 자비와 사랑이 얼마나 고마운지 모릅니다. 우리 삶에 이런 하나님이 계시기에 어떤 상황에서도 소망이 있습니다. 다시 일어설 힘을 얻습니다. 때로는 감히 머리를 들고 주님을 쳐다보지 못할 죄인의 모습이더라도 여전히 사랑의 눈으로 나를 보시는 주님, 그 주님이 계시기에 우리는 다시 주님과 눈을 마주한 채 일어설 수 있습니다. 벼랑 끝에서 이 축복을 누린 사람에 대해서 강준민 목사님은 이렇게 이야기합니다.

"누구나 벼랑 끝에서 그런 경험을 하는 것은 아닙니다. 벼랑 끝에서 하나님의 은혜를 받아 누린 사람들은 올바로 반응한 사람들입니다. 벼랑 끝에 섰을 때 원망과 불평으로 반응하지 않고 오히려 감사, 기쁨, 믿음, 기도 그리고 준비로 반응한 사람들에게 벼랑 끝은 축복의 장소가 됩니다."

고난의 광야 길을 걷고 있습니까? 벼랑에서 떨어져 아무런 소망이 없다고 여기고 있습니까? 그때 주님을 바라보십시오. 자비와 긍휼이 풍성하신 하나님께서 우리 곁에 계십니다. 인생의 주권자가 되시는 그 하나님 앞에 내 삶을 바칠 때 두 번째 기회를 가지고 기다리십니다. 한 손에 태풍을 들고 심판하시는 하나님은 다른 한 손에 긍휼의 은혜를 들고 우리를 살리십니다. 이분이 요나를 일으키신 우리 하나님이십니다. 이분이 예수님을 통해 지금 이 순간에도 나를 붙들고 계시는 좋으신 하나님이십니다. 주님을 붙들고 기도함으로 넘어진 자리에서 다시 일어나 사명의 땅으로 달려가는 인생 되기를 축복합니다.

PART
3

바라봄의 기도

하나님의 주권을 인정하면
세상도 감동한다

9장 엘리야:

하늘의 불을 내리는 한 사람이 필요합니다

_ 열왕기상 18:20-40

엘리야 하면 무엇이 가장 먼저 떠오릅니까? 성경 전체에서 가장 드라마틱한 사건, 갈멜산에서 이방 신의 선지자들과 전투하는 모습이 아닐까요. 바알과 아세라 선지자 850명 대 엘리야 한 사람. 엘리야는 하늘을 향해 간절히 기도했고, 하나님은 불로써 그 기도에 응답하셨습니다. 그렇게 이스라엘 백성 가슴속에 살아 계신 하나님의 이름을 새긴 사람, 그가 선지자 엘리야입니다.

엘리야는 죽음을 보지 않고 불병거를 타고 하늘로 올라간 선지자로도 유명하지요. 주세페 안젤리(Giuseppe Angeli)는 그 극적인 순간을 성화로 그렸는데, 그림 속 엘리야는 평안하면서도 장엄한 모습으로 불병거에 앉아 하늘로 올라가고 있습니다. 하나님이 그를 얼마나 좋아하셨으면 죽음도 보지 않게 하시고 천국으로 인도하셨겠습니까? 수많은 사람이 하나님을 버리고 우상을 섬기면서 제 갈 길로 가던 아합 시대에 엘리야는 홀로 세상 한복판에 뛰어들어 여호와 하나님만이 나의 하나님이라고 외쳤습니다. 지금도 하나님의 마음을 시원하게 하는 사람, 엘리야 같은 사람이 필요한 시대입니다. 하나님은 이런 사람을 찾으십니다.

이렇게 말하는 사람이 있습니다.

"엘리야는 비범한 사람 아닙니까?"

"우리와는 다른 특별한 사람 아닙니까?"

그렇습니다. 물론 성경에 등장하는 모든 기적의 사건들은 하나님의 은혜요 역사이지만, 엘리야와 같이 그 역사에 쓰임을 받기란 쉬운 일이 아닙니다. 남다른 무언가가 있는 것도 같습니다. 가까이하기엔 멀게만 느껴집니다. 그러나 야고보서는 우리의 이와 같은 질문에 조금 다른 답변을 줍니다.

> "엘리야는 우리와 성정이 같은 사람이로되 그가 비가 오지 않기를 간절히 기도한 즉 삼 년 육 개월 동안 땅에 비가 오지 아니하고 다시 기도하니 하늘이 비를 주고 땅이 열매를 맺었느니라" 약 5:17-18

야고보서는 엘리야를 "우리와 성정이 같은 사람"이라고 소개합니다. 아합 시대의 이스라엘처럼 영적 흑암으로 덮인 오늘날, 엘리야처럼 쓰임 받고 싶지 않은 사람이 누가 있겠습니까? 하나님의 이름이 땅에 떨어졌을 때 죽기를 각오하고 바알을 섬기던 사람들과 대결하여 하늘에서 불을 내리게 한 선지자, 하나님을 감동시킨 엘리야, 이런 엘리야처럼 하나님께 쓰임 받는 사람은 어떤 사람일까요? 엘리야를 통해 쓰임 받는 사람의 모습을 살펴보겠습니다.

█ 하나님의 이름이 땅에 떨어지는데 무엇하고 있습니까

첫째, 엘리야는 하나님의 영적 투사로 나아갔습니다. 그는 담대한 모습으로 이스라엘 백성과 아합 앞에 섰습니다. 당시 이스라엘 백성은 하나님을 버리고 우상을 섬겼습니다. 아합이 누구입니까? 그는 이스라엘 7대 왕으로, 역사상 가장 악했으며 우상을 섬기는 데 앞장섰습니다. 성경은 그를 두고 이렇게 말씀합니다.

> "예로부터 아합과 같이 그 자신을 팔아 여호와 앞에서 악을 행한 자가 없음은 그를
> 그의 아내 이세벨이 충동하였음이라" 왕상 21:25

아합의 근본 문제는 왕으로서의 통치 능력이 아니었습니다. 하나님을 경홀히 여기고 율법을 팽개친 것이었습니다. 그런 아합에게 가서 엘리야가 선전포고를 합니다.

> "… 내가 섬기는 이스라엘의 하나님 여호와께서 살아 계심을 두고 맹세하노니 내
> 말이 없으면 수년 동안 비도 이슬도 있지 아니하리라 하니라" 왕상 17:1

농경 목축 시대에 비가 없다는 것은 먹고살기 어렵게 된다는 뜻입니다. 엄청난 저주입니다. 그런데 왕 앞에 나아가서 이런 엄청난 저주를 퍼붓고 있는 엘리야, 제정신으로 할 수 있는 일이 아닙니다. 엘리야의 가슴에는 우상을 섬기는 아합과 이스라엘 백성에 대한 거룩한 분노가 끓어올랐습니다. 이것이 신자의 삶입니다. 하나님의 이름이 땅에 떨어지는 것을 보고도 아무 일이 없다는 듯 살아가서는 안 됩니다.

엘리야의 예언처럼 이스라엘 땅에 3년 6개월 동안 비가 내리지 않았습니다. 백성은 가뭄에 시달리게 되었습니다. 이스라엘 백성에게 문제는 비가 내리지 않는 것이 아니었습니다. 백성의 가슴속에 있는 메마름, 영적 가뭄이 더 근본적인 문제였습니다. 3년 6개월간 가뭄에 시달려도 이스라엘 백성은 회개할 줄 몰랐습니다. 오히려 아합은 어떻게든 엘리야를 잡으려고 혈안이 되어 있었습니다. 아합의 궁에서 일하는 오바댜가 엘리야를 만나서 말합니다.

"아합이 당신을 찾아 뒤지지 않은 족속이나 나라가 없습니다."

이스라엘의 왕이 당신을 잡으려고 온 열방 곳곳을 샅샅이 뒤지고 있다는 말입니다. 이런 상황에서 엘리야는 죽음이 도사리는 이스라엘 한복판에 뛰어들었습니다.

엘리야는 오바댜에게 "내가 여기 있다고 아합에게 말하라"고 한 후에 이렇게 제안합니다. 바알 선지자 450명, 아세라 선지자 400명을 갈멜산으로 모으라고 말이지요. 정상적인 사람이 할 수 있는 제안이 아닙니다. 아합은 이 말이 얼마나 반가웠겠습니까? 엘리야를 죽이려고 갖은 수단을 쓰던 중이었는데 드디어 때가 온 것입니다. 아합은 즉시 전국에 있는 모든 바알과 아세라 선지자를 갈멜산으로 불러 모았습니다. 마침내 우상을 섬기는 선지자 850명 대 엘리야 한 사람이 마주섰습니다.

하나님을 정말 신뢰하는 사람에게 숫자는 그야말로 숫자일 뿐입니다. 하나님을 경외하는 사람에게 중요한 질문은 단 하나입니다.

'나는 하나님 편에 서 있는가? 그 하나님은 지금의 나를 어떤 표정으로 바라보시는가?'

하나님이 기쁨으로 바라보는 사람은 천만 명이 대적한다고 해도 주님 이름 하나 믿고 당당하게 세상 한복판으로 뛰어들 수 있습니다.

"엘리야가 모든 백성에게 가까이 나아가 이르되 너희가 어느 때까지 둘 사이에서 머뭇머뭇하려느냐 여호와가 만일 하나님이면 그를 따르고 바알이 만일 하나님이면 그를 따를지니라 하니 백성이 말 한마디도 대답하지 아니하는지라" 왕상 18:21

하나님 백성의 품위를 다 잃어버리고 우상에게 절했던 사람들을 향해 엘리야가 외칩니다.

"하나님을 선택하든지 바알을 선택하든지 하라!"

그런데 이스라엘 백성은 이러지도 저러지도 못하고 머뭇거리고 있습니다. 우리 중에도 이런 사람이 있지 않습니까? 예수님을 믿는다면서 교회 생활을 하고 있지만, 세상에서는 그 사실을 담대하게 드러내지 못하는 사람. 하나님께 속한 자녀라고 스스로 인정하지만, 소리 내어 고백하는 데 주저하는 사람. 지금 내 모습은 어떻습니까?

꼭 기억해야 할 것이 있습니다. 세상이 정말로 기대하는 신자는 어떤 모습일까요? 주일에는 교회 생활하면서 주중에는 세상과 짝지어 살아가는 모습일까요? 그렇지 않습니다. 세상은 하나님을 주인으로 모시고 예수님의 십자가 복음을 믿는 사람이라면 신앙인다운 모습을 보여 달라고 합니다. 세상은 인정할 만한, 존경할 만한 신자를 기대합니다. 엘리야는 이 시대를 사는 우리에게도 똑같이 외칩니다.

"결단하라! 하나님을 따를 것인가, 세상을 따를 것인가?"

늦은 밤, 아내에게 전화 한 통이 걸려 왔습니다. 어느 성도님의 연락이었습니다. 그분의 대학생 딸이 친구들과 대화를 나누던 중에 동성애와 관련해 한참 동안 논쟁을 벌였다는 것입니다. 딸은 그리스도인이다 보니 동성애에 반대하지만, 요즘 청년들은 그렇지 않지요. 성도님은 행여나 딸이 친구들 사이에서 따돌림을 당하지는 않을까, 대학 생활에 불이익을 당하지는 않을까 걱정했습니다. 아내는 성도님에게 "따님이 정말 훌륭한 일을 했습니다. 하나님이 보시고 정말 자랑스러워하실 것입니다" 하고 위로해 주었습니다. 다음날 그 성도님한테서 다시 연락이 왔습니다. 성도님은 딸에 대해 아무 걱정 하지 말라고, 하나님께서 벌써 믿음의 친구를 붙여 주셨다고 알려 왔습니다. 딸과 친구는 함께 기도하면서 믿지 않는 친구들에게 하나님을 믿는 신앙인이 어떻게 살아가는지 삶으로 보여 주자고 서로 이야기를 나누면서 결단했다고 했습니다. 시대를 거스르는 청년들의 이야기만큼 감격스럽고 자랑스러운 일이 없습니다.

언제 죽을지 모를 상황에서도 엘리야가 담대할 수 있었던 비결은 무엇이었을까요? 그의 가슴속에 거룩한 분노가 있었기 때문입니다. 이스라엘 민족, 하나님의 백성이 하나님을 섬기지 않고 우상을 섬기는 것에 끓어오르는 불이 있었던 것입니다. 그는 하나님의 이름이 땅에 떨어지는 것을 보고만 있지 않았습니다. 무너져 가는 세상, 그 한가운데로 뛰어 들어가서 하나님의 영예를 드높이기 위해 삶을 던졌습니다. 그랬기에 죽음을 각오하고 한 나라의 왕 앞에 하나님의 이름으로 나아가서 당당하게 예언할 수 있었던 것입니다.

우리 가슴에 하나님의 이름이 땅에 떨어지는 것을 두고 보지 못하는 불이 있습니까? 하나님의 이름이 땅에 떨어지든 말든 무덤덤하게 살아가고 있지는 않습니까? 세상 만물은 하나님의 영광을 위해 창조되었지요. 이름 모를 벌레 하나도, 잡초 하나도 주의 영광을 소리 높여 찬양하는데, 정작 하나님을 높여 찬양해야 할 사람이 찬양하지 못하고 살아간다면 그에 대한 거룩한 분노가 우리 가슴에 있어야 합니다. 지금 어디에 분노하고 있습니까? 어떤 일에 마음을 쓰고 화를 내고 있습니까? 내 생각대로 인생이 흘러가지 않는다고 불평하고 싸우고 다투지는 않습니까? 자녀가 내 뜻대로 자라 주지 않는다고 그렇게 마음을 쓰고 분노하면서 왜 거룩하신 하나님의 이름이 땅에 떨어지고 있는 것을 보지 못합니까? 하나님을 섬겨야 할 백성이 우상을 섬기는 것을 보면서도 아무런 분노가 일어나지 않는다면 내 마음의 중심이 지금 어디에 있는지 진실로 물어보아야 할 것입니다.

기세가 등등한 우상 선지자들을 향해 엘리야가 전투 요청을 합니다.

"너희는 너희 신의 이름을 부르라 나는 여호와의 이름을 부르리니 이에 불로 응답하는 신 그가 하나님이니라 백성이 다 대답하되 그 말이 옳도다 하니라" 왕상 18:24

엘리야는 각자 신의 이름을 불러 불로 응답하는 쪽을 진짜 하나님이라 하자고 제안합니다. 바알 선지자들은 엘리야가 뭘 모르고 하는 소리라고 그를 비웃습니다. 바알은 천둥과 번개의 신으로 알려져 있습니다. 바알에게 불을 내리는 일은 전공과 같은 일입니다.

바알 선지자들은 하늘을 향해서 부르짖기 시작합니다. 애타게 부르짖습니다. 그러나 오전 내내 소리쳐도 하늘은 감감무소식입니다. 그들은 더욱 열정적으로 부르짖습니다. 응답 없는 바알을 향해서, 애초에 존재하는지조차 알 수 없는 신을 향해서 온 힘을 다합니다. 마지막에는 자신들의 몸에 자해를 하면서까지 자신들이 원하는 것을 얻기 위해 맹렬히 기도합니다. 종교인들이 하는 일이 바로 이런 일입니다. 바알 숭배자들의 광기는 종교인들의 한계를 보여 줍니다. 자신들이 원하는 신을 만들어 놓고 자신들이 원하는 것을 얻어 내려고 혈안이 되어 있는 사람들, 자신의 모든 것을 다 내어드리면 신이 응답할 것이라고 착각하고 온 힘을 다하는 사람들, 이 시대 우리 주변에서도 만날 수 있는 사람들입니다. 언젠가 예쁜 손 편지가 집에 와 있었습니다. 열어 보니 여호와의증인이 보낸 편지였습니다. 잘못된 방향의 차를 타고 가면 열심을 낼수록 목적지에서 멀어져 갈 뿐입니다.

믿음은 예배의 태도에서 드러납니다

둘째, 엘리야는 하나님을 경배하는 예배자로 나아갔습니다. 그가 먼저 한 일은 무너진 예배를 회복하는 일이었습니다.

"엘리야가 모든 백성을 향하여 이르되 내게로 가까이 오라 백성이 다 그에게 가까이 가매 그가 무너진 여호와의 제단을 수축하되" 왕상 18:30

수백 명의 선지자가 아무리 부르짖어도 바알은 대답이 없었고, 저녁이 되어 엘리야의 차례가 왔습니다. 그에게는 하나님께 불을 내려 달라 부르짖기 전에 먼저 해야 할 일이 있었습니다. 무너진 여호와의 제단을 수축하는 일이었습니다.

사실 갈멜산은 오래전 하나님을 예배하는 처소였습니다. 그런데 긴 시간 이스라엘 사람들은 하나님의 이름을 제거하고 그곳을 우상 신전으로 만들었던 것입니다. 엘리야는 하나님의 마음을 알았습니다. 불을 내려 달라고 부르짖기에 앞서 하나님 앞에 예배하는 일이 먼저라는 사실을 알았습니다. 지금 엘리야의 목적은 하늘에서 불을 내려 이 시합에서 이기는 것이 아닙니다. 하나님을 모르는 사람들이 하나님을 알게 되는 것, 그들이 하나님 앞에 올바른 예배자로 서는 것이 엘리야가 진실로 원했던 일이었습니다.

내 삶에 수축해야 할 무너진 제단이 있습니까? 개인 예배, 가정 예배가 회복되어야 합니까? 우리 인생에 불이 떨어지는 기적을 맛보기 원한다면 그전에 반드시 예배자로 나아가야 합니다. 무너진 제단을 회복해야 합니다. 선교나 전도를 할 때도 마찬가지입니다. 존 파이퍼(John Piper)는 "교회의 궁극적인 목적은 선교가 아니라 예배다"라고 말합니다. 그렇습니다. 우리가 선교하는 이유는 예배가 없어서입니다. 예배가 있을 때까지 우리는 전도하고 선교하며 나아가야 합니다. 우리 삶에, 가정에, 나라에 예배가 회복될 때 우리 영혼은 살아납니다. 그럴 때 믿지 않는 가족이 하나님 자녀로 나아가고, 가정이 회복되고, 온 민족이 하나님 앞에 엎드리는 기적을 경험하게 될 것입니다.

영국의 철학자 로저 스크러턴(Roger Scruton)이 한 말이 있습니다. "어떤 사람이 정말 하나님을 믿는지 가장 확실하게 아는 방법은 그의 예배 태도를 보면 된다"는 것입니다. 신학 서적이나 교리 서적은 그들이 어떤 신을 믿는지 보여 주는 것이고, 그의 믿음을 보려면 예배하는 모습을 보라는 것이지요. 정말 그렇습니다. 우리가 하나님께 전심을 다해 예배한다면 그때의 눈빛, 자세, 태도 등 모든 것이 달라질 것입니다.

1년 6개월의 공백을 깨고 우리 교회의 교회학교인 프라미스랜드 아이들이 현장 예배를 드리던 날, 교회 문을 열고 들어오는 아이들의 얼굴이 얼마나 행복하게 빛났는지 모릅니다. 정말 감격스러운 순간이었습니다. 한 아이는 집에서 온라인으로 예배를 드리다가 엄마에게 지금 바로 현장 예배에 가고 싶다고 해서 왔다고 했습니다. 하나님이 이런 아이들을 보시며 얼마나 행복하실까요. 물론 현장 예배든 가정 예배든 장소가 중요한 것은 아닙니다. 중요한 것은 진실로 예배하는 것, 내 삶 자체를 하나님 앞에 드리는 것입니다.

"또 나무를 벌이고 송아지의 각을 떠서 나무 위에 놓고 이르되 통 넷에 물을 채워다가

번제물과 나무 위에 부으라 하고 또 이르되 다시 그리하라 하여 다시 그리하니 또 이

르되 세 번째로 그리하라 하여 세 번째로 그리하니 물이 제단으로 두루 흐르고 도랑

에도 물이 가득 찼더라" 왕상 18:33-35

    제단을 회복했으니 이제 기도를 시작하면 될 텐데, 엘리야는 갑자기 이해하기 어려운 행동을 합니다. 사람들을 시켜 통 넷에 물을 채워 번제단과 나무 위에 붓게 한 것도 모자라 같은 일을 세 번이나 반복한 것입니다. 물의 양이 얼마나 많았는지 도랑에 흘러넘칠 정도였습니다. 지금 불을 내려야 할 사람이 물을 뿌리고 있는 이 상황을 누가 이해하겠습니까? 이렇게 어리석은 행동이 또 어디 있겠습니까? 과연 하나님은 이 상황을 통해 무엇을 보여 주고자 하신 걸까요?

    엘리야는 하나님이 반드시 불을 내리신다는 걸 확신했습니다. 이방 선지자들은 불과 물을 다스리는 신이 바알이라고 생각했지만, 엘리야는 하나님만이 하늘의 불을 내리셔서 땅의 물까지도 없애실 수 있는 분임을 확신한 것입니다. 이를 통해서 정말 살아 계신 하나님을 보여 주기 원했던 것입니다. 이런 엘리야를 하나님은 어떤 마음으로 지켜보셨을까요? 당장이라도 불을 내려 주고 싶은 심정이셨을 것입니다.

    오늘날 그리스도인의 최대 문제는 무엇일까요? 하나님 앞에 나아간다고 하면서 정작 살아 계신 하나님을 확신하지 못한다는 것입니다. 예배의 자리를 사모하는 것은 중요합니다. 그러나 그보다 중요한 것은 살아 계신 하나님을 향한 진실한 믿음으로 예배하는 것입니다. 눈에 보

이지 않고 그 음성을 직접 들을 수는 없지만, 영으로 임재하시는 주님과 눈을 마주하고 전심으로 예배해야 합니다. 주님은 이런 예배를 기다리십니다.

▌우리가 목숨 걸고 기도할 때 하나님은 응답하십니다

셋째, 엘리야는 하나님을 드러내는 기도자, 주의 영광을 구하는 기도자로 나아갔습니다. 그의 기도를 보면 세 가지의 간절한 기도문이 나옵니다.

"저녁 소제 드릴 때에 이르러 선지자 엘리야가 나아가서 말하되 아브라함과 이삭과 이스라엘의 하나님 여호와여 주께서 이스라엘 중에서 하나님이신 것과 내가 주의 종인 것과 내가 주의 말씀대로 이 모든 일을 행하는 것을 오늘 알게 하옵소서 여호와여 내게 응답하옵소서 내게 응답하옵소서 이 백성에게 주 여호와는 하나님이신 것과 주는 그들의 마음을 되돌이키심을 알게 하옵소서 하매" 왕상 18:36-37

먼저 엘리야는 하나님을 알게 해 달라고 기도합니다. 지금 이스라엘 백성에게 가장 큰 문제가 무엇입니까? 하나님을 모른다는 것입니다. 하나님을 모르고 창조주를 모르기 때문에 우상에게 머리를 숙이는 것입니다.

"아는 만큼 보인다"는 말이 있지요. 유홍준 교수가 《나의 문화유산

답사기》에서 처음 한 말입니다. 신앙생활이 정말 그렇지 않습니까? 하나님을 아는 만큼 그분이 보입니다. 하나님을 알아야 바르게 예배할 수 있습니다. 아는 만큼 사랑하게 되고, 사랑하는 만큼 하나님 말씀에 순종하게 됩니다. 하나님을 얼마나 알고 얼마나 사랑합니까? 전능하신 하나님이 사랑의 눈동자로 나를 지켜보시는데, 나도 주님과 시선을 마주하고 있습니까? 매일 주님을 알기 위해 발버둥 치고 있습니까? 하나님을 알아 갈수록 내 마음에도 기쁨이 넘치게 되어 있습니다. 주님을 알아 가는 것을 가장 거룩한 기쁨으로 삼는 사람만이 정말 주님을 사랑할 수 있습니다.

또 엘리야는 자신이 주님의 종이라는 것과 주님의 말씀대로 행하는 사람이라는 것을 백성이 알게 해 달라고 기도합니다. 얼마나 멋진 기도입니까? 어떤 사람은 교회는 다니지만 막상 세상에 나가서는 자신이 신앙인이라는 것을 밝히기 부담스러워합니다. 그러나 엘리야는 자신이 하나님의 사람이라는 것을 사람들이 보고 확인하기를 바랐습니다. 모든 그리스도인이 이런 자세로 살아간다면 세상은 바뀌게 될 것입니다.

마지막으로 엘리야는 하나님께서 이스라엘 백성이 마음을 돌이키기 원하신다는 것을 알게 해 달라고 기도합니다. 지금 이스라엘에 닥친 이 극심한 가뭄의 이유가 무엇일까요? 그들에게 고난을 주는 것이 목적일까요? 그렇지 않습니다. 이 고난을 통해 하나님께로 나오라는 것입니다. 빨리 돌아오라는 것입니다. 엘리야는 지금 이 고난의 세월을 통해 세상 역사를 다스리는 우리의 진짜 주인이 누구신지 깨달으라고 외치는 것입니다. 이스라엘 백성은 3년 6개월이 지나도록 이 사실을 깨닫지 못했습니다.

2년여의 세월이 지나도록 코로나19로 온 세계가 고통당하고 있습니다. 하나님은 무엇을 원하시는 걸까요? 이 팬데믹을 통해 우리가 고통당하기를 원하시는 걸까요? 그렇지 않습니다. 하나님을 경외하는 사람이라면, 역사의 주관자가 누구인지를 아는 사람이라면 이렇게 질문해야 합니다.

"하나님, 이 시간을 통해 나에게 무엇을 말씀하기 원하십니까?"

"하나님, 이와 같은 시대에 제가 자녀를 어떻게 키우기 원하십니까?"

"우리 교회가 세상에 어떤 교회로 서기를 원하십니까?"

하나님께서 분명히 말씀하실 것입니다. 그 말씀을 우리 성도 한 사람 한 사람의 가슴에 새길 때 지금의 고난도 결국 하나님의 뜻을 이루는 유익한 시간이 될 것입니다.

우리가 이 시대를 품고 해야 할 기도가 바로 이런 기도 아니겠습니까?

"하나님, 이 땅의 백성이 하나님을 바르게 알도록 도와주십시오. 저는 부족하지만 제 삶을 통해 주님이 살아 계신 것과 제가 하나님의 종이라는 것을 깨닫게 도와주십시오. 그리고 하나님이 그들을 얼마나 사랑하시는지, 얼마나 돌아오기를 원하시는지 저를 통해 알게 해 주십시오."

엘리야의 목적은 이 전투에서 승리하는 것이 아니었습니다. 백성이 하나님을 아는 것이었습니다.

우리 가정에 아직 믿지 않는 한 사람이 있습니까? 하나님은 그 사람이 돌아오기를 기다리십니다. 내 부모를, 내 자녀를, 내 배우자를 애태우며 기다리고 계십니다. 엘리야의 기도는 아주 간결했지만 하나님을 향한 절대적인 확신이 있었습니다. 반드시 응답하실 것이라는 확신입니다. 오늘 우리도 그 확신으로 기도하기를 바랍니다.

구세군의 창시자이자 목사였던 윌리엄 부스(William Booth)에게 누군가가 물었습니다.

"당신이 기도에 응답받는 비결이 무엇입니까?"

그의 답은 단순했습니다.

"나는 기도할 때마다 목숨을 걸었습니다."

엘리야가 그랬습니다. 하나님 앞에 목숨을 걸고 나와 기도했습니다. 이제 하나님 차례지요. 자녀가 목숨을 거는데 그냥 가만히 보고만 계실 하나님이 아닙니다.

"이에 여호와의 불이 내려서 번제물과 나무와 돌과 흙을 태우고 또 도랑의 물을 핥은지라" 왕상 18:38

드디어 하나님이 불을 내리셨습니다. 이 불은 번제물은 물론 나무와 돌과 흙을 태우고 도랑의 물까지 핥아 버렸습니다. 하나님이 엘리야의 예배를 받으셨고 그의 기도에 응답하신 것입니다. 이 한 번의 사건이 모든 것을 다 바꿔 놓았습니다. 그날 아침만 하더라도 아합과 함께 바알과 아세라 선지자를 섬겼던 사람들이 하나님 앞에 머리를 숙였습니다. 정말 살아 있는 신은 바알이나 아세라가 아니라 하나님이시라는 것을 알게 된 것입니다.

"모든 백성이 보고 엎드려 말하되 여호와 그는 하나님이시로다 여호와 그는 하나님이시로다 하니" 왕상 18:39

엘리야의 명령에 백성은 바알과 아세라의 선지자들을 잡아왔습니다. 수백 명의 선지자가 엘리야의 손에 죽임당하는 순간에도 바알은 응답이 없었습니다.

엘리야의 기도에서 가장 위대한 점은 무엇일까요? 하늘에서 불이 떨어진 것 자체가 아닙니다. 그 일로 이스라엘 백성의 감겼던 영혼의 눈이 떠진 것입니다. 지금까지 우상 앞에 머리를 숙였던 백성이 참 하나님을 바라보게 된 것입니다. 그리고 하나님 앞에서 예배가 회복된 것입니다.

불을 내리신 하나님과 그분께 멋지게 쓰임 받은 엘리야. 하나님은 지금도 엘리야와 같은 사람을 찾으십니다. 하나님만을 절대적으로 믿기에, 그분만을 진실로 두려워하기에 세상 앞에 영적 투사로 당당하게 서는 사람. 예배가 회복되기를 바라며 죽음이 도사리는 중에도 자신을 던지는 사람. 생명을 던지는 마음으로 기도하고 하나님의 뜻을 이루는 사람. 하나님은 그 사람을 통해 생명의 역사를 이루어 가십니다.

▍하나님을 택하겠습니까, 세상을 택하겠습니까

베트남에서 32년간 사역한 선교사님을 만났습니다. 그곳에서 교회를

320개나 개척했고, 병원 16개와 여러 학교를 지었다고 하더군요. '이런 분이 또 있을까, 살면서 이런 분을 또 만날 수 있을까' 하는 생각이 들었습니다. 그분이 개척한 320개 교회는 그냥 건물이 아닙니다. 베트남은 사회주의 국가지요. 그런데 선교사님은 그런 나라에서 하나님의 이름이 땅에 떨어지는 것이 가슴 아파 교회를 세웠다고 했습니다. 그곳에서 죽어 가는 수많은 영혼 가운데 한 영혼이라도 주님을 알고 죽기를 언제나 눈물로 기도하며 삶을 던지고 있었습니다. 하나님께 영광을 올려 드리기 위해 예배를 회복하고 있었습니다. 더욱 놀라운 것은 그분이 선교사로서 베트남에 가게 된 이야기였습니다.

선교사님은 한국에서 한영기업 사장을 역임한 화려한 이력의 소유자였습니다. 세상 부러울 것 하나 없이 많은 것을 누렸던 사람이었지요. 그런데 원인 모를 병을 얻어 10개월 동안이나 코마 상태에 있었습니다. 의식은 있지만 거의 죽은 것처럼 버려진 상태로 눈동자 하나 움직이지 못했습니다. 그야말로 죽음의 상태에 있었던 것입니다. 그때 그분은 간절한 마음으로 주님의 이름을 불렀습니다. 다시 한번 은혜를 달라고 하나님께 마음으로 부르짖었습니다. 놀랍게도 하나님은 선교사님을 다시 일으켜 세우셨습니다.

침대에만 누워 있던 선교사님은 깨어난 지 2일 만에 양산에 있는 감림산기도원으로 들어갔습니다. 이것저것 계산할 겨를이 없었습니다. 사람들이 말려도 다 뿌리쳤습니다. 그런데 그곳에서 기도를 하다가 하늘의 불을 받았습니다. 하나님이 그분을 만져 주신 것입니다. 한 목사님이 그에게 다가와 안수기도를 했을 때 뜨거운 불이 임했고 거대한 몽

둥이에 맞은 것처럼 뒤로 쓰러졌습니다. 하나님은 그에게 놀라운 치유의 기적을 베풀어 주셨습니다. 몸도 완전히 회복되었습니다. 하나님은 그분에게 '요나'라는 새 이름을 주셨고, 베트남으로 보내셨습니다. 그렇게 선교사님은 그 땅으로 들어가 오늘까지 32년 동안 하나님의 역사를 이루고 있습니다.

선교사님은 그 숱한 세월 매 순간을 마지막 날처럼 살아왔고, 지금도 그렇게 살아가고 있다고 합니다. '선교는 순교다'라는 마음가짐으로 매일 밤 관에서 잠을 청한다고 합니다. 선교사님은 80세를 향해 가는 중임에도 청년보다 더 건강한 모습으로 뜁니다. 선교사님이 하늘의 불을 받았을 때부터 그 사회주의 국가에는 생명의 물길이 흘러넘치고 있습니다. 이렇듯 인생의 목적이 분명하면 두려운 것이 없습니다. 내가 누구를 위해서 죽어야 할지 분명하면 무엇을 위해서 살아야 할지도 분명해집니다. 그분을 보며 이 시대 엘리야를 보는 것만 같았습니다. 하나님 보시기에 얼마나 행복하셨을까요?

오늘날을 사는 우리가 모두 이 시대를 가슴에 품고 엘리야의 기도를 해야 합니다. "이 백성이 하나님을 알게 하소서" 하고 간곡히 기도해야 합니다. 그럴 때 하늘의 문이 열리고 사람들의 닫힌 문이 열릴 것입니다. 물론 엘리야의 때처럼 하늘에서 불이 떨어지지는 않겠지요. 그러나 하나님은 불과는 비교할 수 없는, 너무도 찬란하고 영광스럽게 타오르는 불을 보내 주셨습니다. 태양보다 더 빛나는 하나님 자신, 예수 그리스도, 성령으로 불태우실 그분이 이 땅에 오신 것입니다. 그 주님을 만나러 오는 사람마다 인생이 바뀔 것입니다. 그 주님을 만난 사람마다 가슴속에 불을 간직하게 될 것입니다. 이 불을 간직해야만 세상을 바라보며 하나님의 영광이 땅에 떨어질 때 분노하고, 죽음 앞에서도 자기 전부를 던질 수 있습니다.

주님을 가슴에 품고 있는 당신에게 지금 주님이 물으십니다.

"어느 때까지 머뭇머뭇하겠는가? 나를 택할 것인가, 세상을 택할 것인가?"

어떻게 답하겠습니까? 당연히 "저는 주님을 택할 것입니다. 주님이 저의 전부입니다" 하고 고백해야 할 것입니다. 그때에 주님은 또 말씀하실 것입니다.

"그렇다면 너의 삶을 통해서 세상의 주인이 진정 누구인지를 보여라. 세상 한복판에 영적 투사로 들어가서 세상이 너를 통해 하나님을 알게 하라. 예배가 무너지는 세상에 들어가서 너의 삶을 통해 진정한 예배를 회복시켜라. 하늘을 향해 부르짖는 기도로 하나님의 살아 계심을 온 세상에 보여라."

거룩한 분노를 가슴에 품고 기도하십시오. 비록 우리는 연약하고 부족하지만 하나님은 우리 한 사람의 기도를 통해 이 세대에 새로운 불을 내리실 것입니다. 하나님만이 전부라고 믿고 고백하는 사람들을 사용하실 것입니다. 하나님 앞에 멋지게 쓰임 받다가 주님 앞에 서는 하나님의 사람이 되기를 주의 이름으로 축복합니다.

10장 다니엘:

하나님이 감동하는 삶은
세상도 감동합니다

_ 다니엘 6:10-28

　　20년도 전에 중국에 처음 들어갔을 때였습니다. 중국어를 전혀 하지 못할 때 통역을 도와준 두 젊은이가 있었습니다. 신실하게 예수님을 따르는 그 젊은이들을 보면서 당시만 해도 척박한 중국 땅에 이런 헌신된 젊은이들이 있다는 것에 놀랐습니다.

　그들이 처음 복음을 받아들이고 회심하게 된 이야기를 들으며 더욱 감동을 받았습니다. 그들은 예수님을 만나기 전에 한 선교사님의 삶을 통해 먼저 주님을 만났다고 했습니다. 이분과 자주 고아원을 방문했는데, 코 흘리고 냄새나는 아이들을 꼭 껴안으며 사랑을 쏟는 선교사님을 보면서 이분이 믿는 하나님이라면 자신들도 믿어야겠다고 생각했다는 것입니다. 이것이 주님을 만나는 첫 계기였다고 고백했습니다.

진정한 그리스도인은 내면의 신앙이 삶으로 나타나는 사람입니다. 하나님 앞에서 살아가는 사람은 주님이 보실 때도 귀하지만 사람에게도 감동이 됩니다.

새로운 직분자를 세울 때마다 늘 강조하는 말이 있습니다.

"성도님에게는 존경받는 자요, 하나님께는 인정받는 직분자가 되어 주십시오."

이렇게 말할 때마다 먼저 떠오르는 사람이 다니엘입니다. 오랜 왕조를 거쳐 가면서 오랫동안 총애를 받고 총리로 쓰임을 받았던 사람. 그는 어린 시절은 물론 온 생애를 하나님 앞에 올곧게 믿음으로 섰던 사람입니다. 그가 얼마나 믿음으로 올곧게 서 있었으면, 당시 우상을 섬기던 페르시아의 왕 다리오마저 다니엘을 보며 하나님을 찬양했겠습니까.

"내가 이제 조서를 내리노라 내 나라 관할 아래에 있는 사람들은 다 다니엘의 하나님 앞에서 떨며 두려워할지니 그는 살아 계시는 하나님이시요 영원히 변하지 않으실 이시며 그의 나라는 멸망하지 아니할 것이요 그의 권세는 무궁할 것이며"

단 6:26

다리오의 고백은 마치 하나님을 아주 잘 아는 한 사람의 신앙 고백 같습니다. 그는 이방의 왕입니다. 우상을 섬기는 사람입니다. 그런데 어떻게 그런 자의 입에서 이런 엄청난 신앙고백이 나올 수 있었을까요? 사실 당시 다니엘의 상황은 그리 좋지 않았습니다. 적국에 노예로 잡혀 온 사람에게 무슨 소망이 있었겠습니까? 그러나 하나님은 다니엘을 통해 놀랍게 영광 받으셨습니다. 포로 된 이스라엘 백성을 보시며 너무도 안타까우셨을 하나님이 다니엘 한 사람으로 인해 기뻐하셨습니다. 다니엘은 하나님을 감동시킨 한 사람이었습니다. 그의 삶을 가만 보면 '하나님 앞에 이렇게 살아가는 사람도 있을 수 있구나' 감탄하게 됩니다. 그래서 교회학교 자녀들을 위해 기도할 때면 다니엘처럼 자라게 해 달라고 기도하게 됩니다. 과연 그의 삶은 어땠을까요? 그는 어떤 기도로 하나님께 감동을 드렸을까요?

▌ 내 안의 하나님이 커지면 문제는 별게 아닙니다

하나님을 감동시키는 사람에게는 뭔가 특별한 것이 있습니다. 다니엘에게서 발견되는 첫 번째 특별함은, 하나님 앞에서 살아가는 일상이 있었다는 것입니다. 성경은 이런 다니엘을 소개하면서 '민첩함'이라는 단어를 첫 번째로 사용합니다.

"다니엘은 마음이 민첩하여 총리들과 고관들 위에 뛰어나므로 왕이 그를 세워 전국을 다스리게 하고자 한지라" 단 6:3

다리오는 페르시아에 세 명의 총리와 120명의 고관을 두었는데, 그중 다니엘이 가장 뛰어났다고 합니다. "마음이 민첩"하다고 번역한 부분을 히브리어 성경에서 보면 '루아흐 야티라', 즉 '성령이 충만한'이라고 기록하고 있습니다. ESV 성경은 "an excellent spirit was in him"이라고 했는데, 직역하면 '가장 뛰어난 영이 그 속에 있었다'라는 뜻입니다.

여호와가 감동한 사람을 우리가 어디에서 찾아볼 수 있겠습니까? 다니엘의 지혜는 평범한 사람의 것이 아니었습니다. 세상의 지혜와는 비교할 수 없었습니다. 세상에 그 대단하다던 총리나 고관 중에서 가장 뛰어났다고 하잖아요. 다니엘은 어디에서 이런 지혜를 얻게 되었을까요?

다니엘서 1장을 보면 하나님께서 다니엘을 어떻게 축복해 주시는지 잘 나타나 있습니다. 이스라엘 백성이 바벨론에 포로로 잡혀갔습니다. 소망이 없던 시절입니다. 그때 다리오는 이스라엘 백성을 다스리기 위해 그중 뛰어난 소년들을 데리고 왕의 진미를 먹이면서 왕궁 수업을 시킵니다. 하지만 다니엘과 세 친구는 왕이 주는 음식을 거부하고 채식을 선택합니다. 그들의 당당한 고백을 보십시오.

"우리는 하나님 앞에 기도하고 예배하는 사람들이니 하나님을 믿는 믿음으로 채식하겠습니다."

주변에서는 저러다 병약해질 것이 분명하다고 단언했습니다. 그러나 시간이 지날수록 병약해지기는커녕 그들은 훨씬 밝은 얼굴과 건강한 신체로 나타났습니다. 하나님이 그들에게 주신 특별한 은혜가 무엇입니까? 바벨론의 박사들보다도 열 배나 더 뛰어난 지혜입니다. 다니엘에게는 심지어 꿈을 풀어낼 수 있는 은혜도 주셨습니다. 이 놀라운 은혜가 언제 그들 위에 임했습니까? 세상의 탁월함을 추구하며 노력했을 때가 아닙니다. 하나님 앞에 자기 자신을 드렸을 때, 진정한 지혜의 근본 되시는 하나님께 모든 것을 드렸을 때 하나님은 세상과 비교할 수 없는 민첩함과 탁월한 지혜를 주신 것입니다.

내 자녀가 하나님이 원하시는 사람으로 자라기 바란다면 이 말씀을 기억하면 좋겠습니다. 세상에서 열심을 내어 학문을 익히는 것도 중요하지요. 그러나 지식의 근본은 하나님이십니다. 하나님이 약속하십니다.

> "누구든지 지혜가 부족하거든 모든 사람에게 후히 주시고 꾸짖지 아니하시는 하나님께 구하라 그리하면 주시리라" 약 1:5

우리 자녀 안에 하나님의 영이 머물기를 기도하십시오. 그때 세상과 비교할 수 없는 지식의 사람, 진정한 지혜의 사람으로 자랄 것입니다. 그런 사람은 하나님 앞에서도 쓰임 받지만 세상에서도 존경받고 귀하게 쓰임 받을 것입니다.

사실 다니엘은 지금 좌절 속에 낙심하며 살아야 할 사람 아닙니까? 그는 포로로 잡혀 온 노예이고 미래를 꿈꿀 수 없는 사람입니다. 그러나 그는 자신이 선 자리에서 하나님 앞에 최선을 다했습니다. 그 속에 성령 하나님이 계시기 때문입니다. 미국의 시인이자 목사이기도 한 랠프 월도 에머슨(Ralph Waldo Emerson)이 한 말이 있습니다.

"우리 뒤에 무엇이 있고 앞에 무엇이 있느냐는 우리 안에 무엇이 있느냐에 비하면 작은 문제다."

우리는 과거 일, 또는 일어나지도 않은 미래 일을 가지고 너무도 우왕좌왕하며 마음을 쏟습니다. 그러나 랠프 월도 에머슨의 말처럼 내면에 무엇이 있는가, 내 속에 누가 있는가에 비하면 작은 일들에 불과합니다. 우리 속에 계시는 하나님, 성령님, 예수님이 크게 보이면 세상 모든 것은 작게 보일 뿐이지요. 반대로 예수 그리스도가 작게 보이면 다른 무엇인가가 우리를 지배하게 될 것입니다.

그렇다고 세상일에 소홀해서는 안 됩니다. 다니엘은 주어진 삶에서 최선을 다했던 사람입니다. 성도님들 중에는 세상일은 부업이고 교회 일이 하나님을 위하는 것이니 주업이라고 생각하는 분들이 있습니다. 그렇지 않습니다. 하나님께서 우리에게 맡기신 일이라면 교회를 섬기는 일이나 세상일이나 가정일이나 자녀를 양육하는 일이나 학교에서 공부하는 일이나 다 똑같은 주업입니다. 그래서 우리는 주어진 삶 속에서 무슨 일이든 최선을 다해야 합니다. 그것이 하나님의 영광을 구하는 삶입니다. 다니엘은 그런 부분에서 뛰어난 민첩함을 보였습니다.

성경이 다니엘을 소개할 때 선택한 두 번째 단어는 '도덕성'입니다.

"이에 총리들과 고관들이 국사에 대하여 다니엘을 고발할 근거를 찾고자 하였으나 아무 근거, 아무 허물도 찾지 못하였으니 이는 그가 충성되어 아무 그릇됨도 없고 아무 허물도 없음이었더라" 단 6:4

노예로 잡혀 온 사람이 모든 총리나 고관보다 더 왕의 총애를 받으니, 다니엘이 다른 대신들에게는 얼마나 눈엣가시였겠습니까? 굴러온 돌이 박힌 돌을 빼내는 형국 아닙니까? 어느 시대, 어느 나라든 이런 상황이 되면 신상 털기를 합니다. "털어서 먼지 안 나는 사람 없다"는 말도 있지요. 그런데 정말 그런 사람이 있습니다. 바로 다니엘입니다. 그는 하나님 앞에서 사는 것처럼 사람들 앞에서도 똑같이 살아 냈습니다. 포로로 잡혀 와 내일이 없는 삶이었지만 자기가 선 자리에 하나님의 향기를 머금은 아름다운 꽃을 피운 사람이었습니다.

A.W. 토저(Aiden Wilson Tozer)가 이런 말을 했습니다.

"최고의 성경 번역은 그리스도인의 삶이다."

많은 성경 번역본이 있지만 가장 하나님을 잘 보여 주는 것은 글이 아니라 성도의 삶이라는 이야기입니다. 아무리 찾아도 다니엘에게서 털어 낼 먼지가 없자 이들은 더 치졸하게 굽니다. 다니엘의 신앙심을 건드린 것입니다. 그에게는 하나님을 믿는 신앙심 외에 아무것도 고소할 것이 없다고 결론 내린 것입니다. 오늘날도 다니엘과 같은 사람이 있으면 얼마나 좋을까요? 아무리 털어도 허물 하나 찾을 수 없는 사람. 신앙 외에는 건드릴 것이 없는 사람. 우리 자녀가 다니엘과 같은 사람이 된다면 하나님의 마음을 시원하게 해 주고 세상의 존경도 받게 되지 않을까요?

그리스도인의 도덕성 잣대는 세상이 기대하는 것보다 훨씬 높아야 합니다. 세상 사람들이 생각하는 상대적인 잣대로 평가받기 전에 하나님 앞에서 살아야 하기 때문입니다. 이 악한 사람들은 왕에게 조서를 만들게 합니다.

"왕이여, 앞으로 30일 동안 왕이 아니고 다른 신에게 절하는 사람이 있으면 사자 굴에 던져 넣기를 원합니다."

악한 사람들은 이렇게 악한 방법도 잘 찾습니다. 죽을 만한 상황 속에서 다니엘은 어떻게 반응했을까요?

▌ 세상 앞에 무릎 꿇지 않을 한 사람을 찾으십니다

어떤 순간에도 최선을 다해 살았던 다니엘. 하나님을 감동시켰던 사람 다니엘에게서 발견되는 두 번째 특별함은, 하나님 앞에서 기도하는 일상을 살았다는 것입니다. 탁월함이나 도덕성 모두 귀한 것이지만, 이 놀라운 것들을 다니엘은 어디에서 얻었을까요? 바로 하나님 앞에 무릎 꿇은 자리에서입니다. 그가 하나님 앞에 무릎을 꿇었을 때 주님은 그에게 지혜를 주셨습니다. 그때 다니엘은 세상이 감당하지 못하는 하나님의 사람이 된 것입니다.

E.M. 바운즈는 《기도의 능력》에서 이렇게 말합니다.

"기도와 거룩은 하나다. 둘은 서로 작용하고 반응한다. 어느 쪽도 따로 존재하지 못한다. 하나가 없으면 다른 하나도 없기 때문이다. 거룩한 삶의 첫 단계는 기도이며 마지막도 기도다."

10대 때부터 하나님 앞에서 기도 훈련을 받았던 다니엘은 청년이 되어서도, 장년을 지나면서도, 80세 노인이 되어서도 똑같은 모습으로 하나님 앞에서 기도합니다. 그 모습이 어땠을까요?

"다니엘이 이 조서에 왕의 도장이 찍힌 것을 알고도 자기 집에 돌아가서는 윗방에 올라가 예루살렘으로 향한 창문을 열고 전에 하던 대로 하루 세 번씩 무릎을 꿇고

기도하며 그의 하나님께 감사하였더라" 단 6:10

다니엘의 기도에 몇 가지 특징이 있습니다. 집에 돌아가서 예루살렘을 향해 창문을 열고 기도했습니다. 창문을 닫고 해도 되지 않을까요? 굳이 열어 둔 이유는 무엇일까요? 그것은 하나님이 솔로몬에게 하신 약속을 다니엘이 알고 있었기 때문입니다. 지금 비록 포로로 잡혀 민족들이 고생하고 있지만 언젠가 하나님께서 이 민족을 새롭게 고치고 인도하실 것을 믿었기 때문입니다. 역대하에서 하나님이 하신 약속입니다.

"자기들을 사로잡아 간 적국의 땅에서 온 마음과 온 뜻으로 주께 돌아와서 주께서 그들의 조상들에게 주신 땅과 주께서 택하신 성과 내가 주의 이름을 위하여 건축한 성전 있는 쪽을 향하여 기도하거든 주는 계신 곳 하늘에서 그들의 기도와 간구를 들으시고 그들의 일을 돌보시오며 주께 범죄한 주의 백성을 용서하옵소서"

대하 6:38-39

다니엘은 포로로 끌려온 신세지만 어릴 때부터 받은 신앙 교육이 있었습니다. 예루살렘을 향해 기도할 때 들으시는 하나님을 알았습니다. 세상을 다스리는 분은 바벨론과 페르시아가 아니라 하나님이라는 사실을 믿었습니다. 현재 어떤 상황에 처했다 할지라도 그가 하나님을 향해 기도할 수 있었던 이유가 여기에 있습니다. 역사를 주관하시는 하나님이 반드시 회복하실 것을 믿었기 때문입니다.

다니엘은 하루 세 번 기도했습니다. 왜 세 번일까요? 당시 이스라엘의 제사장들은 아침에 성전 문을 열고 9시, 12시, 그리고 성전 문을 닫는 오후 3시에 하나님 앞에 기도하고 제사를 드렸습니다. 사도행전 3장에서 베드로와 요한이 성전에 올라간 시간은 오후 3시로, 성전 문을 닫을 때 드리는 기도 시간이었습니다. 예수님이 십자가에 달리신 시간은 성전 문을 여는 아침 9시부터 오후 3시까지였고, 성전 문을 닫을 때 이 땅을 떠나셨습니다.

다니엘의 세 번의 기도가 어쩌면 그렇게 대단해 보이지 않을 수도 있습니다. 평범한 일상에서 주님 앞에 잠시 나아가 기도하는 것이었습니다. 그러나 이 평범해 보이는 일상이 사실 비범한 기도의 삶이었습니다. 하나님 앞에 무릎을 꿇는다는 것은 세상 모든 것에서 당당할 수 있다는 것을 의미합니다.

C.S 루이스가《개인기도》에서 한 말입니다.

"가장 사소한 일로 하나님께 경배하는 습관을 들이지 못한다면, 가장 고상한 일에 대해서도 그분을 결코 예배할 수 없다."

우리도 하루 세 번은 기도하지요. 식사 기도 정도는 하지 않습니까? 그러나 다니엘의 기도는 그 정도가 아니었습니다. 모든 것을 내려놓고 하나님 앞에 가까이 나아가서 내 모든 것을 걸고 드리는 기도였습니다.

팬데믹 전만 해도 낮에 예배당을 둘러보면 주님 앞에서 간절히 기도하는 분들이 있었습니다. 그런 분들을 보면 얼마나 고마운지 모릅니다. '하나님이 얼마나 행복해하실까' 하는 생각도 듭니다. 우리도 하나님 앞에 나아가는 기도 시간이 즐겁지만, 하나님도 그 시간을 무척 기다리시지 않을까요? 그 기도를 통해 하나님의 뜻을 이루시기 때문입니다.

다니엘의 기도에서 가장 중요한 특징은 왕의 조서에 도장이 찍힌 줄 알면서도 기도했다는 것입니다. 죽기를 각오하고 기도한 것입니다. 이 정도 수준으로 기도하다 보면 사람들이 "그렇게까지 기도해야 하느냐"고 묻습니다. "골방에서 하는 기도를 하나님이 더 잘 듣지 않겠느냐"고 묻습니다. "한 번 정도는 문을 걸어 잠그고 조용히 기도해도 되지 않느냐"고, "그런다고 신앙이 사라지느냐"고 합니다. 그 옛날 다니엘의 세 친구가 떠오릅니다. 바벨론의 왕 느부갓네살이 금으로 신상을 만들고 "절하라. 그러지 않으면 풀무 불에 던져 넣으리라" 했을 때 다니엘의 세 친구가 뭐라고 합니까?

"왕이여, 우리가 이 일에 대해서 대답할 필요가 없습니다. 우릴 풀무 불에 던진다면 하나님이 건져 내실 것이고 왕의 손에서도 건져 내실 것입니다."

그런 후에 그들은 위대한 고백을 합니다.

"그렇게 하지 아니하실지라도 왕이여 우리가 왕의 신들을 섬기지도 아니하고 왕이 세우신 금 신상에게 절하지도 아니할 줄을 아옵소서" 단 3:18

절대 신앙이라는 것을 내려놓으면 모든 것이 편안할 수 있습니다. 예수 구원이라는 말은 어느 정도 괜찮게 들리지만, '오직 예수님만이 유일한 구원의 주'라는 고백은 때로는 전쟁을 치러야 하고 때로는 생명을 잃는 위협을 감수해야 한다는 의미가 담겨 있습니다. 오늘 다니엘이 이렇게까지 하면서 하나님 앞에 무릎을 꿇었던 이유가 무엇입니까? 그렇게 기도하다가 죽을 수도 있다는 사실을 몰랐을까요? 그렇지 않습니다. 다만 다니엘은 그들의 법령이나 사자 굴에 집중하지 않았습니다. 그의 눈은 하나님께 고정되어 있었습니다. 십대 때부터 지금까지 자신과 함께해 주시고 인도해 주신 하나님, 친구들이 풀무 불에서 죽게 되었을 때 건져 주신 하나님, 그 하나님과 눈을 마주하고 살아왔기 때문에 그는 하나님 앞에 무릎을 꿇은 것입니다.

하나님은 지금도 다니엘과 같은 사람을 필요로 하십니다. 하나님을 두려워하기 때문에 세상 무엇도 두려워하지 않는 사람. 하나님 앞에 무릎을 꿇기 때문에 세상 무엇에도 무릎 꿇지 않는 사람. 하나님의 이름이 땅에 떨어져 가는 이런 시대에 그분의 마음을 시원하게 해줄 수 있는 한 사람. 이런 사람을 하나님만 기다리시는 것이 아닙니다. 세상 사람들도 이런 사람을 기다리고 있습니다. 나는 예수님을 믿지 않지만 정말 당신이 하나님을 믿는 사람이라면 그런 모습을 나에게 보여 달라고 요구합니다. 믿는 우리조차도 이런 신앙인을 기다리고 있지 않습니까? 진실로 존경할 만한 그리스도인을 온 땅이 요구하고 있지 않습니까?

▎ 하나님을 감동시키는 삶은 세상도 감동합니다

하나님 앞에 올곧게 섰을 때, 다니엘을 기다린 것은 장밋빛 인생이 아니었습니다. 드디어 적들이 다니엘을 잡을 기회를 포착했고, 그를 왕 앞에서 참소합니다.

"왕이여, 저 다니엘을 당장 사자 굴에 던지소서."

이 말을 들은 왕의 반응은 굉장히 의외입니다. 왕은 심히 근심하여 다니엘을 구원하려고 애씁니다. 그러다가 해가 질 때가 되었습니다. 적들은 더욱 큰소리를 냅니다.

"왕이여, 이것은 누구도 고칠 수 없는 법입니다."

사람을 살리는 법이 아니라 사람을 죽이는 법을 외칩니다. 이것이 신자들이 바르게 살고자 할 때 악한 자들이 하는 일입니다. 왕도 어쩔 수 없이 다니엘을 포기해야 하는 상황이 되었습니다. 그런데 다니엘을 사자 굴에 던지면서 왕이 한 말이 기가 막힙니다.

"이에 왕이 명령하매 다니엘을 끌어다가 사자 굴에 던져 넣는지라 왕이 다니엘에게 이르되 네가 항상 섬기는 너의 하나님이 너를 구원하시리라 하니라" 단 6:16

하나님을 몰랐던 왕이 어떻게 이렇게까지 고백할 수 있을까요? 충신들이 다 다니엘을 반대하고 나서는데, 왕은 하나님 앞에 선 한 사람을 봤습니다. 왕의 마음은 거기서 그치지 않았습니다. 그는 밤이 새도록 금식했습니다. 오락을 그치고 꼬박 밤을 새우더니 다음 날 새벽이 되자마자 사자 굴에 가서 외칩니다.

"다니엘아! 네가 믿고 있는 하나님이 너를 지켰느냐?"

다리오의 이 위대한 고백이 어디에서 나온 것일까요? 다니엘이 전도하고 복음을 전해서가 아닙니다. 그의 삶을 통해 하나님이 어떤 분인지

본 것입니다. 그리스도인이 살아야 할 삶이 이런 것입니다. 입술로 전하기 이전에 삶으로 보여 줘야 합니다. "당신을 보면 하나님이 살아 계신 것 같아요"라는 말을 들을 수 있어야 합니다. 내 직장 동료, 자주 어울리는 친구들과 이웃들이 나를 바라보며 예수님을 발견합니까? 정말 우리가 예수님께 온 마음을 집중하고 있다면 말, 행동, 눈빛, 몸짓, 생활에서 예수님이 드러나야 합니다.

다니엘을 보시며 하나님 마음이 얼마나 시원하셨겠습니까? 사탄에게도 자랑하고 싶은 사람 아니겠습니까? 그런 다니엘이 위대한 고백을 합니다.

> "나의 하나님이 이미 그의 천사를 보내어 사자들의 입을 봉하셨으므로 사자들이
> 나를 상해하지 못하였사오니…" 단 6:22

사자 굴에서 살아 나온 다니엘, 사람들의 눈에는 그가 신적인 존재로 보였을 것입니다. 다니엘의 관심은 자기 신변의 안전이나 명예, 안정적인 미래가 아닙니다. 그의 모든 관심은 하나님께 영광을 돌리는 것입니다. 그 옛날 느부갓네살 앞에서 기이한 꿈을 풀이한 것도 내가 아니라 하나님이 하신 일이라고 고백한 다니엘, 이번에는 사자 굴에서 그를 건져 낸 분도 하나님이라고 다시 고백합니다. 다니엘은 그야말로 하나님께 자신을 드린 사람입니다. 삶의 유일한 목적이 하나님께 영광을 돌리는 것인 사람, 하나님은 이런 사람을 통해 영광을 받으시고 당신의 뜻을 나타내십니다.

교회 역사를 보면 로마 시대 때 그리스도인이 많은 고통의 시간을 보내야 했지요. 그런데 참으로 귀한 것은 당시 로마의 집정관들이 교회에 헌금을 보내 왔다는 기록이 있습니다. 교회라면 자신들의 돈을 가장 올바른 곳에 쓸 것이라고 믿은 것입니다. 또 로마의 많은 집정관이 그리스도인 여인들을 며느리로 삼곤 했습니다. 그리스도인 가정은 믿을 수 있다고 생각한 것입니다. 한국 역사에도 비슷한 내용이 있습니다. 일제 강점기 당시 수많은 그리스도인이 고난을 당할 때 예수님을 알지 못했던 많은 사람이 교회에 헌금을 보낸 사실이 있습니다. 고종 황제도 교회에 금일봉을 보냈다는 기록이 있습니다. 그들 또한 비록 신앙은 없지만, 교회는 이 헌금을 잘 사용할 것이라는 믿음이 있었습니다. 이렇게 교회가 많은 사람의 칭찬을 받았던 시대가 있었습니다.

다니엘은 세상과 하나님을 감동시켰습니다. 다니엘이 어떻게 죽음의 위협 앞에서 그렇게 살아낼 수 있었을까요? 그가 바라본 것은 환경이 아니라 하나님이었습니다. 이스라엘을 사로잡은 바벨론과 페르시아가 아니라, 온 세상을 다스리는 전능하신 하나님이었습니다. 세상이 기다리는 사람이 바로 이런 사람입니다. 세상은 우리가 마음으로 믿고 입술로 외치는 복음을 삶으로 증명해 내는 사람을 기대합니다. 하나님은 이런 사람을 그냥 두지 않으십니다. 하나님이 영광을 받으실 뿐만 아니라 세상에서도 존경받게 하십니다. 모든 성도의 삶이 하나님을 감동시키고 그분 마음을 시원하게 하기를 바랍니다. 우리 자녀들, 다음 세대, 청년 세대가 다니엘과 같이 살아 내기를 주의 이름으로 축복합니다.

문제를 묵상하지 말고
하나님을 소망하십시오

_ 예레미야애가 3:18-26

생각을 한다는 것은 하나님께서 인간에게 주신 특권이라고 말할 수 있습니다. 미국의 심리학자 윌리엄 제임스(William James)가 한 말입니다.

"금세기의 가장 위대한 발견은 물리학이나 과학이 아니다. 사람이 생각을 바꿀 때 인생 전체가 바뀐다는 사실을 발견한 것이다."

생각이 얼마나 중요한지 알려 주는 말이 있습니다.

"생각은 행동을 만들고, 행동을 반복하면 습관이 되며, 습관은 한 사람의 인생을 결정한다."

올바른 생각은 사람을 살리지만, 잘못된 생각은 목숨을 빼앗기도 하지요. 러시아 철도국의 한 직원이 냉동고 안에 갇혔습니다. 안에서는 문을 열 수 없는 냉동고였습니다. 그는 냉동고 한쪽에 글귀를 적었습니다.

"몸이 점점 차가워지고 있다. 추워서 견딜 수가 없다. 몸이 점점 얼어붙는다. 정신을 차릴 수가 없다. 내가 이렇게 죽는구나."

일곱 시간 후에 이 직원이 발견되었는데, 그는 이미 죽어 있었습니다. 사인(死因)은 동사(凍死)였습니다. 그런데 놀랍게도 그 냉동고는 고장 난 것이었고, 실내 온도는 영상 13도였습니다. 미국에서도 이와 같은 사건이 있었습니다. 인부 한 명이 냉동고에 잘못 들어갔다가 얼어 죽었는데, 알고 보니 고장 난 냉동고였던 것입니다. 어떻게 이런 일이 있을 수 있나 싶어 FBI가 조사를 해 보니 사실 그 인부는 동사한 것이 아니더랍니다. 단지 사고회로가 잘못된 판단을 내린 것만으로도 한 사람이 죽을 수 있습니다. 르네상스 시대 의학자 파라켈수스(Paracelsus)가 한 말입니다.

"모든 병의 원인은 몸이 아니라 의식의 상념에서 비롯된다."

사람은 자신의 잘못된 생각에 사로잡히면 그 생각에 집착하고 지배당할 수 있습니다. 저는 심방을 하면서 어려운 시기를 지나는 성도님들을 만나면 꼭 하는 부탁이 있습니다.

"문제를 묵상하지 말고 주님을 묵상하십시오."

때로는 어려운 병마를 지고 가시밭길을 가는 분들도 있습니다. 그런 분들에게도 꼭 드리는 부탁이 있습니다.

"절대로 병마를 묵상하지 말고 우리 몸을 창조하신 하나님을 바라보십시오."

병이나 문제를 묵상하지 말고 하나님을 바라보십시오. 그럴 때 새로운 소망이 일어날 줄 믿습니다.

예레미야를 흔히 눈물의 선지자라고 말합니다. 이 사람만큼 소망을 바라보거나 하나님을 바라보기 어려운 상황에 있었던 선지자가 있을까요? 그가 살았던 시대에 이스라엘은 하나님께 선택받은 나라였지만 하나님을 대적한 나라 바벨론에 의해 멸망당합니다. 이 일을 허락하고 친히 행하신 분이 누구입니까? 바로 하나님이십니다. 하나님이 매를 들고 자기 백성을 치신 것입니다. 어떻게 하나님이 세운 민족이 하나님을 모르는 민족의 손에 멸망당할 수가 있단 말입니까? B.C. 586년, 이런 참담한 상황 속에서 예레미야는 고통스러운 마음을 담아 눈물로 글을 씁니다. 그것이 예레미야애가입니다.

▎낙심으로 가득 차면 하나님을 볼 수 없습니다

예레미야는 이스라엘의 무너진 역사로 머릿속이 가득해 하나님께 이렇게 고백합니다.

"내 고초와 재난 곧 쑥과 담즙을 기억하소서" 애 3:19

예레미야애가는 다섯 개 장으로 기록되어 있는데, 1, 2, 4장의 처음을 히브리어 '예카'로 시작하고 있습니다. 우리말로 '슬프다'라고 번역했는데, 절박한 아픔이나 비극적 상황을 설명할 때 사용하는 단어입니다. 그 외에 3, 5장도 다르게 표현하기는 했지만 맥락은 같습니다. 내가 고난을 당해서, 내가 치욕을 받아서 괴롭다는 이야기로 시작합니다. 예레미야가 받은 고난이 얼마나 컸기에 이렇게 매를 맞는 것으로 말씀을 시작하는 것일까요?

3장을 보면 1절부터 하나님이 이스라엘에게 하신 일에 대해 열거하고 있습니다. 먼저 1절에서는 분노의 매로 고난을 주시는 하나님을 이야기합니다. 분노의 매란 바벨론을 통해 친히 당신의 나라를 무너뜨린 것을 뜻하지요. 그밖에 2절은 어둠에 가두신 하나님, 4절은 살과 가죽을 쇠하게 하시고 뼈를 꺾으신 하나님, 7절은 움직이지 못하도록 사슬로 묶으신 하나님, 8절은 기도해도 듣지 않으시는 하나님, 14절은 모든 백성의 조롱거리로 만드신 하나님, 18절은 모든 소망을 끊으신 하나님을 이야기합니다.

예레미야는 고민합니다. '하나님은 어떻게 그토록 사랑하시는 당신의 자녀를 손수 이렇게 고난으로 몰아가실 수 있는가!' 그는 지금 하나님이 이런 일을 행하신 것이 믿어지지 않습니다. 우리 가운데서도 같은 고민을 하는 분이 많습니다. 신실하게 주님 앞에서 살아왔는데 왜 이유를 알 수 없는 고난이 찾아오느냐는 것입니다. 주님이 꼭 이렇게 하셨어야만 했느냐는 것입니다. 예레미야도 그랬습니다. 하나님이 닫으신 문을 누가 열 수 있겠습니까? 그는 사방이 꽉 막힌 상황에서 고백합니다.

아무리 하나님이 주인이라고 외쳐도 내 마음에 응어리진 원망, 미움, 배신감 같은 것들이 있으면 그것이 말과 행동을 통해 겉으로 드러나 결국 내 인생이 되고 맙니다. 지금 내 마음을 지배하는 감정이 무엇입니까? 감사하는 마음, 행복한 마음, 아름다웠던 추억이 나를 채우고 있습니까? 아니면 불평과 원망, 미움과 배신의 쓴 뿌리들이 나를 가득 지배하고 있습니까? 인생은 자기 마음에 무엇을 담는가에 따라 결정됩니다.

지금 예레미야는 낙심되는 상황에 빠졌습니다. 아무리 돌아봐도 그 어디에서도 평안을 누릴 수 없는 상황, 희망이 없는 상황입니다. 단테의 《신곡》 '지옥 편'에는 "이곳에 들어오는 사람은 일체 희망을 버려라"라는 글귀가 나옵니다. 이것이 예레미야의 처지였습니다. 아무리 선지자라도 예외가 없습니다. 눈앞에 펼쳐진 현상만 보고 하나님을 바라보지 못하면, 하나님의 마음을 모르면 낙심하게 되어 있습니다. 지금 하나님이 이방 나라, 우상을 섬기는 나라 바벨론까지 들어서 심판하시고 있다면 하나님을 바라봐야 하지 않을까요? 이렇게 심판하기까지 얼마나 하나님이 괴로우셨는지, 그분이 우리를 얼마나 사랑하시는지 그 음성을 들어야 하는 것 아닙니까? 그러나 우리 눈이 하나님께 고정되어 있지 않고 일어나는 현상이나 세상에 고정되면 마주할 것은 낙심밖에 없습니다.

예레미야뿐이 아닙니다. 예수님의 제자들도 마찬가지였습니다. 그들은 부활하신 예수님을 만나 엠마오 길을 함께 걸어가면서도 그분을 알아보지 못했습니다. 자기들의 생각, 낙심이 가득 쌓이면 그럴 수 있습니다. 예수께서 우리 왕으로 와 계셔도 못 알아봅니다. 내 생각, 내 고민, 내 아픔, 내 쓴 뿌리가 내 안에 가득하면 그것의 지배를 받습니다. 생각하는 주체는 나지만, 잘못된 생각에 끌려가게 되면 내 영혼을 죽이는 곳까지 이르게 되는 것입니다.

그러나 이 안타까운 현상을 보면서 한편으로는 위안을 얻기도 합니다. 선지자 예레미야나 주님의 제자들이 낙심을 경험했다면 세상에 낙심하지 않을 사람이 어디 있겠습니까? 그러나 우리 그리스도인에게는 이때가 중요합니다. 낙심할 만한 상황이어서 낙심에 빠지는 것이 아닙니다. 낙심되는 상황에서도 소망의 주님을 바라보는 성도님들이 있습니다. 우리가 쓰러진대도 완전히 쓰러지지 않는 것은 우리의 손을 붙들고 계시는 하나님이 계시기 때문입니다. 믿음으로 바라봐야 할 분이 계시기 때문입니다.

▎ 인자와 긍휼과 사랑의 하나님을 바라보십시오

믿음을 다른 말로 표현하면 '바라봄'이라고 할 수 있습니다. 참담한 환경에서도, 심지어 내가 하나님 앞에 부끄러운 존재라 하더라도 그 자리에서 하나님을 바라보는 것입니다. 이런 상황에서도 내 손을 붙들고 계시는 인자하신 하나님을 보는 것입니다. 세상이 쉽게 바뀌나요? 문제가 쉽게 달라집니까? 그렇지 않지요. 그러나 상황이 그대로라고 하더라도 바꿀 수 있는 것이 있습니다. 내가 그 상황을 어떻게 해석하고 받아들이느냐입니다.

> "이것을 내가 내 마음에 담아 두었더니 그것이 오히려 나의 소망이 되었사옴은 여호와의 인자와 긍휼이 무궁하시므로 우리가 진멸되지 아니함이니이다" 애 3:21-22

나를 바라보면 낙심이 되고 상황을 바라보면 절망이 일어나지만 여호와 하나님을 바라보면 소망의 샘물이 솟아나는 줄 믿습니다. 지금 예레미야는 인자와 긍휼의 하나님을 찬양합니다.

인자는 히브리어로 '헤세드'로, 하나님의 변치 않는 사랑을 뜻합니다. 구약 전체를 통틀어 하나님의 마음을 가장 잘 보여 주는 단어이지요. 인간은 무너지고 넘어지지만 끝까지 사랑으로 붙들어 주시는 하나님을 나타냅니다. 긍휼은 히브리어로 '라함', 헬라어로는 '스프랑크나'입니다. 이는 사랑하는 영혼을 위해 심장이 찢어지는 아픔을 표현하는 단어입니다. 이것 역시 예수님의 마음을 잘 보여 줍니다. 하나님은 이스라엘 백성을 치셨지만 심장이 찢어지는 아픈 마음을 가지고 당신의 백성에게 다가오고 계십니다. 이런 하나님의 마음은 이스라엘 역사를 돌아보면 언제나 한결같습니다.

출애굽의 역사를 기억합니까? 하나님이 자유의 몸을 주셨지만 이스라엘 백성은 광야에서 하나님을 저주하고 원망하더니 급기야 금송아지를 만들어 섬겼습니다. 노아의 홍수 사건 때는 어땠습니까? 모든 육체가 하나님을 버리고 죄에 빠져 버렸습니다. 하나님은 인간 만든 것을 후회하시며 다 쓸어버리겠다고 하셨습니다. 그럼에도 하나님의 긍휼이 있었기에 인류를 멸절하시지는 않았습니다. 하나님은 노아와 그의 가족을 통해 인류 역사를 이어 가셨고, 이스라엘 백성을 약속의 땅에 들어가게 하셨습니다. 이 모든 역사가 하나님의 긍휼과 사랑을 설명합니다. 상황이 아무리 처참하더라도 긍휼과 사랑의 하나님을 바라보면 소망이 생깁니다.

어느 아버지와 아들이 사막 한복판을 횡단하는데, 아무리 걸어도 물은 없고 죽음의 위협이 코앞까지 오는 기분이었습니다. 그때 아버지가 아들에게 용기를 주었습니다.

"걱정 말거라. 반드시 마을이 나올 거다."

한참을 걷고 있는데 사막 한가운데 무덤이 나왔습니다. 아들이 자포자기합니다.

"아버지, 보십시오. 우리처럼 마을을 찾다가 죽은 사람들의 무덤입니다."

그런데 아버지는 다른 말을 합니다.

"아니란다. 무덤이 있다는 것은 반드시 근처에 사람 사는 곳이 있다는 뜻이란다."

똑같은 무덤을 바라보면서도 어떤 사람은 죽음으로 이끌려 가는가 하면, 어떤 사람은 생명의 소망으로 일어납니다. 사막 한가운데 던져진 것이 인생입니다. 무덤을 발견하고 죽음을 떠올리며 낙심합니까? 아니면 그 뒤에 숨은 소망을 발견하고 일어납니까? 마음에 무엇을 담겠습니까? 성령님으로 가득 넘치는 인생, 성령님께 완전히 지배받는 인생이 되기를 바랍니다. 그럴 때 상황을 뛰어넘는 새로운 소망이 일어날 것입니다.

어떤 사람은 예레미야에게 이렇게 말할지 모릅니다. 나라가 멸망했는데, 하나님이 멸망시킨 것인데, 이 처참한 현실 가운데 무슨 사랑과 긍휼이 있느냐고 말입니다. 그러나 하나님께서 사랑하는 자녀에게 채찍을 드실 때는 다 이유가 있습니다.

"주께서 인생으로 고생하게 하시며 근심하게 하심은 본심이 아니시로다" 애 3:33

이 모든 상황이 하나님의 본심이 아니라고 합니다. 마치 예레미야가 하나님의 마음을 다 들여다본 것 같지 않습니까? 사랑하는 자녀에게 회초리를 들 때, 자녀는 종아리에 피멍이 들지만 부모는 가슴에 피멍이 들고 눈에는 피눈물이 흐릅니다. 지금 예레미야가 이 말을 하는 것입니다. 하나님이 이스라엘을 채찍으로 다스리실 때 얼마나 찢어지는 마음이셨을지 생각하라는 것입니다. 그러니 제발 정신 차리고 돌아오라고, 고난을 통해서 하나님 앞으로 나아오라고 하는 것입니다. 시편 기자도 말합니다.

"고난당한 것이 내게 유익이라 이로 말미암아 내가 주의 율례들을 배우게 되었나이다" 시 119:71

우리가 고난과 고통, 눈물 속에서도 여전히 소망을 가질 수 있는 것은 이 신실하신 하나님, 사랑과 긍휼이 풍성하신 하나님이 계시기 때문입니다.

┃ 하나님을 바라보면 내일의 소망이 생깁니다

이전에 랭커스터 바이블컬리지의 총장 피터 티그(Peter W. Teague)와 대화를 나누면서 그의 간증에 깊은 감동을 받은 적이 있습니다. 셋째 딸이 선천적인 장애를 갖고 태어났다고 하더군요. 말을 한마디도 하지 못하고, 지금은 40세를 넘겼는데 눈이 보이지 않게 되었다고 합니다. 처음 피터 티그와 그의 아내는 하나님께 "왜 우리에게 이런 일이 닥쳐야 합니까?" 하고 기도했다고 합니다. 그러나 하나님이 행하실 일, 하나님의 신실하심을 바라보니 '왜?'가 아니라 '어떻게?'라는 답이 나왔습니다. 부부의 기도는 달라졌습니다.

"주님, 제가 어떻게 이 아이를 잘 키워 하나님의 영광이 되게 할까요?"

딸의 이름이 제시카인데, 그 이름을 따서 〈Jessica & Friends Community〉라는 작은 잡지를 발행하고 있습니다. 그곳에 피터 티그가 직접 쓴 글귀가 있습니다.

"그 고통스러운 날들을 돌아보면 가족으로 어떻게 이겨 냈는지 모를 정도다. 확실한 것은 하루하루 살아 내게 한 원동력은 하나님의 은혜였다. 하나님은 아무리 어려운 시기라 해도 그날에 족한 은혜를 주셨다. 하나님의 도우심과 힘으로 우리는 내일도 이겨 낼 수 있다."

그러면서 그는 다음 구절을 인용했습니다.

"이것들이 아침마다 새로우니 주의 성실하심이 크시도소이다" 애 3:23

이스라엘 백성이 어떤 이들입니까? 하루에 족한 은혜를 얻고도 하나님께 반역한 백성입니다. 그렇게 무너지고 변질된 이스라엘 백성에게 하나님이 어떻게 은혜를 주실 수 있을까요?

우리는 매일 주시는 하나님의 은혜 없이는 아무것도 할 수 없는 사람들입니다. 이스라엘이 광야에 있을 때 신실하신 하나님이 무엇을 가르치셨습니까? 광야에 내리신 만나를 기억합니까? 하나님이 말씀하셨습니다.

"매일 아침에 나가서 만나를 거두어라."

그들이 있었던 곳은 광야였습니다. 당장 내일 먹을 음식이 없어 고민해야 하는 곳, 오늘 수확이 있었다면 내일을 위해 저장해야만 하는 곳입니다. 그런데 하나님이 저장하지 말라고 말씀하십니다. 오늘 주는 것으로 오늘 먹고 내일도 주실 하나님을 기대하라는 것입니다. 광야에서 내리신 만나는 우리가 하나님의 신실하심을 진짜로 믿고 있는지 확인하는 도구였던 것입니다.

정말 고통스러운 상황과 어려운 환경에 던져졌습니까? 지나고 나서 돌아보십시오. 우리에게는 이겨 낼 힘이 없었지만 매일 아침 새로운 은혜로 다가오셨던 하나님이 계십니다. 그분이 계셨기에 이스라엘 백성은 광야를 지났고, 우리도 광야 같은 세상을 이기고 주님 앞에 섰습니다. 내가 준비된 사람이었기 때문이 아닙니다. 하나님이 은혜, 사랑, 긍휼이 끊임없는, 신실하신 분이기 때문입니다. 이 하나님을 바라볼 때 절망의 상황이 소망으로 바뀔 줄 믿습니다.

남아프리카공화국에는 '희망봉'이라고 불리는 곳이 있습니다. 처음부터 그런 이름이었던 것은 아닙니다. 포르투갈의 탐험가 바르톨로뮤 디아스(Bartolomeu Diaz)가 1488년 처음 그 해로를 발견했을 때만 해도 이곳은 파도가 너무 심해 '폭풍의 곳'이라고 불렀습니다. 그런데 알고 보니 그곳은 대서양과 인도양을 잇는 길목으로, 무역을 할 때 아주 중요한 지역이었습니다. 후에 포르투갈 왕실은 이곳 이름을 희망봉으로 바꿔 불렀습니다. 우리 인생도 그렇습니다. 사막을 횡단하고 폭우를 뚫고 가는 것 같은 인생이지만 하나님이 계시기에 희망봉이 생기기 시작합니다. 죽음과 좌절과 낙심만이 우리를 기다리는 것 같았지만 하나님의 손길이 우리 영혼을 만질 때 희망봉이 솟아오릅니다. 이것은 하나님이 하시는 일입니다. 예수 그리스도를 바라볼 때 어둠이 물러가고 새로운 빛이 우리 속에 다가올 줄 믿습니다.

저는 이 말씀을 보며 궁금한 것이 있었습니다. 우리 중 누가 고난의 골짜기를 지나면서 하나님을 보고 싶어 하지 않고 고난을 묵상하고 싶겠습니까? 그런데도 사람들은 왜 자꾸 하나님이 아니라 고난과 아픔과 문제를 생각할까요? 왜 원망과 불평을 입 밖으로 꺼내고 인생을 허비하는 걸까요? 하나님의 신실하심을 믿지 못해서 그렇습니다. 이 모든 문제를 해결하실 하나님을 기다리지 못하는 것입니다. 인내를 가지고 하나님을 바라보기 바랍니다. 그럴 때 기대와 소망이 생깁니다.

낙심에 빠졌던 예레미야가 다시 눈을 뜨고 새로운 소망을 발견했습니다. 그때 그는 이렇게 고백합니다.

"내 심령에 이르기를 여호와는 나의 기업이시니 그러므로 내가 그를 바라리라 하도다 기다리는 자들에게나 구하는 영혼들에게 여호와는 선하시도다 사람이 여호와의 구원을 바라고 잠잠히 기다림이 좋도다" 애 3:24-26

신실하신 하나님, 사랑하는 자녀에게 좋은 것을 주기 원하시는 하나님, 그런 하나님을 사랑하는 사람은 그분을 바라보고 기다리고 잠잠히 그분의 역사를 기대합니다. 소망을 갖습니다. 이것이 주님이 우리에게 기대하시는 것입니다. 환경이 바뀌기를, 문제가 해결되기를 기다리는 것이 아니에요. 환경과 문제를 바라보는 해석을 달리 하는 것입니다. 해석이 달라지면 인생이 달라집니다.

'오 신실하신 주'라는 찬송이 있습니다. 이 찬송의 작사가 토마스 치셤(T.O. Chisholm)은 켄터키의 가난한 농부의 아들로 태어나고 자라 배움이 짧았습니다. 그러나 은혜를 받아 목사가 되기를 원했고, 독학으로 꿈을 이뤘습니다. 그렇게도 꿈에 그리던 목사가 되었지만 그는 1년밖에 사역하지 못하고 그만두어야 했습니다. 병마에 시달리게 된 것입니다. 그렇지만 그는 낙심하지 않고 하나님을 찬송하는 시를 썼습니다. 1,200여 편이나 되는 찬송시를 지었어요. '오 신실하신 주'를 작곡한 사람은 윌리엄 루안(William M. Runyan)입니다. 그는 21살에 목사가 되었지만 돌연 귀에 병이 나면서 목회를 그만두어야 했습니다. 그 젊은이가 겪어야 했을 아픔과 고통이 어떠했을까요. 그러나 그는 낙심하지 않고 작곡을 시작했습니다. 이렇듯 육신은 따라주지 않았지만, 내일 어찌 될지 모르는 인생이었지만 토마스 치섬과 윌리엄 루안은 세계인에게 하나님이 어떤 분인지를 증거하는 인생을 살았습니다.

예레미야는 무너진 예루살렘을 바라보면서 탄식했습니다. 그렇지만 그 절망의 자리에서 신실하게 하나님을 바라보면서 그분의 은혜와 긍휼과 사랑을 노래했습니다. 똑같은 절망의 상황에서 나는 무엇을 바라보고 있습니까? 내 마음에 무엇을 담아 두고 있습니까? 하나님 없는 세상을 꿈꾸면 절망밖에 없습니다. 그러나 하나님이 함께하는 나를 바라보면 소망이 일어납니다. 소망의 눈으로 보면 나를 괴롭게 하는 사람도 다르게 보입니다. 사랑의 눈으로 보게 되는 것입니다. 거울 속 내 모습을 보십시오. 다 부족하고 연약합니다. 그러나 긍휼의 하나님, 소망의 하나님, 사랑의 하나님은 연약하여 넘어져 있는 나를 다듬으시고 새롭게 고치셔서 마침내 하나님의 형상으로 빚어 가십니다. 그것을 알면 우리 중에 소중하지 않은 사람이 없습니다. 나도 소중하고 내 옆 지체도 소중합니다. 무엇을 바라보는가에 따라 인생이 달라집니다. 상황과 문제를 바라보면 죽음의 길로 가게 될 것입니다. 그러나 하나님을 바라보면 우리는 생명의 찬가를 부르게 될 것입니다. 고난을 묵상하지 말고 하나님을 바라보십시오. 하나님의 영광을 위해 그분의 자녀답게 다시 일어나기를 주님의 이름으로 축복합니다.

**PART
4**

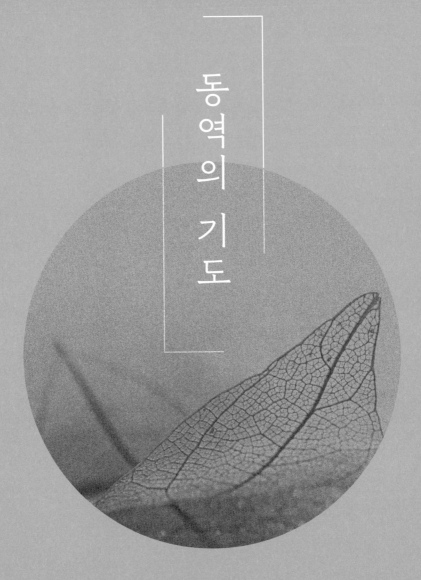

동역의 기도

하나님은 우리의
기도와 함께 일하신다

12장 다윗II:

세상 어둠을 당신의 빛으로
밝히게 하소서

_ 시 18:28-29

　　이어령 씨가 2006년 12월 31일에 새해를 맞이하면서 쓴 시가 있습니다. 사방이 어둡고 안타까운 현실을 보면서 비상을 소원한 그의 마음이 담겨 있습니다.

벼랑 끝에서 새해를 맞습니다.

덕담 대신 날개를 주소서.

…

날게 하소서.

뒤처진 사람에게는 제비의 날개를,

설빔을 입지 못한 사람에게는 공작의 날개를,

208

홀로 사는 노인에게는 학과 같은 날개를 주소서.

그리고 남남처럼 되어 가는 가족에는

원앙새의 깃털을 내려 주소서.

이 사회가 갈등으로 더 이상 찢기기 전에

기러기처럼 나는 법을 가르쳐 주소서.

소리를 내어 서로 격려하고

선두의 자리를 바꾸어 가며 대열을 이끌어 간다는

저 신비한 기러기처럼 우리 모두를 날게 하소서.

"날자. 날자. 한 번만 더 날아 보자꾸나."

어느 소설의 마지막 대목처럼

지금 우리가 외치는 이 소원을 들어주소서.

은빛 날개를 펴고 새해의 눈부신 하늘로

일제히 날아오르는 경쾌한 비상의 시작!

벼랑 끝에서 날게 하소서.

-'벼랑 끝입니다. 날게 하소서' 일부, 이어령

오늘 이 시대는 16년 전보다도 훨씬 더 벼랑 같습니다. 젊은이들의 '꿈'이라는 날개가 접혀 버린 시대, 인간이 가진 가장 고귀한 속성과 가치가 물질과 쾌락 앞에 무릎 꿇는 시대입니다. 이 시대를 한마디로 표현하라면 인간의 삶에서 하나님을 추방시켜 버린 시대라고 말하겠습니다. 물질 앞에서 영혼이 추방당한 시대입니다. 사람들은 기독교라는 이름 앞에서 분노합니다. 그리스도인이라는 것을 드러내기가 점점 어려워집니다. 그리스도의 이름이 점점 핍박이나 때로는 죽음과 동일시되고 있습니다. 어디에서 이런 암흑의 시대를 이겨 내고 창공을 올라갈 힘을 얻겠습니까? 이사야 선지자는 그 힘이 어디에서 오는지 이렇게 고백합니다.

> "오직 여호와를 앙망하는 자는 새 힘을 얻으리니 독수리가 날개 치며 올라감 같을 것이요 달음박질하여도 곤비하지 아니하겠고 걸어가도 피곤하지 아니하리로다"
>
> 사 40:31

하나님의 사람들에게는 세상에서는 얻지 못하는 신비한 능력, 하나님이 주시는 능력이 있습니다. 일생 독수리처럼 나는 힘, 걷거나 뛰어도 피곤치 아니한 힘, 하나님만이 주실 수 있는 힘을 얻은 사람들이야말로 그리스도인이 아닐까요? 또 그 힘을 기대하는 사람들이 하나님의 사람 아닙니까?

벼랑 끝에서 너무도 안타깝고 어두운 삶을 보냈던 다윗이 하나님께 위대한 고백을 합니다. 하나님의 이름 하나 가지고 담대하게 나아가 세상을 정복한 하나님의 사람. 그 다윗의 기도와 결단의 말씀을 통해 우리가 이 암흑의 시대를 이겨 낼 힘을 얻기 바랍니다.

영혼의 흑암은 오직 하나님만이 밝히십니다

첫째, 다윗은 하나님께 인생의 등불이 되어 달라고 기도합니다.

"주께서 나의 등불을 켜심이여 여호와 내 하나님이 내 흑암을 밝히시리이다"

시 18:28

다윗은 하나님께 자신의 삶 속에 있는 어둠을 거두어 가시고 영광의
빛으로 찾아와 달라고 기도합니다. 당시 다윗의 상황을 보면 이 말씀은
굉장히 놀랍습니다. 다윗은 지금 모든 전쟁에서 이긴 명장이요, 만백성
의 존경과 사랑을 한 몸에 받고 있는 이스라엘의 왕입니다. 세상은 그
를 이스라엘 민족의 등불이라 칭송했습니다.

"… 그때에 다윗의 추종자들이 그에게 맹세하여 이르되 왕은 다시 우리와 함께 전
장에 나가지 마옵소서 이스라엘의 등불이 꺼지지 말게 하옵소서 하니라" 삼하 21:17

다윗이 전장에 나가려 하자 그의 추종자들이 말합니다.
"당신은 이스라엘의 등불입니다. 죽음의 위협에 노출되어서는 안 됩
니다. 그러니 앞으로는 전장에 나오지 마십시오."
다윗으로 말미암아 나라가 평안해지고, 영토는 더 크게 확장되었으
며, 국력은 더욱 강건해져 갔습니다. 백성은 하나님의 말씀으로 통치를
받았습니다. 그토록 아름다운 하나님의 사람, 세상의 존경을 한 몸에

받은 사람이 하나님께 도리어 등불이 되어 달라 간구합니다. 그리고 그 기도대로 하나님은 다윗의 일생동안 등불이 되어 주셨습니다.

다윗에게는 참으로 어둡고 고단했던 삶이 있었습니다. 어린 시절 막내로 자란 다윗은 어느 누구에게도 특별한 관심의 대상이 되지 못했습니다. 사무엘이 그에게 기름을 부으러 왔을 때 아버지조차도 막내인 다윗에게 특별한 관심을 두지 않았습니다. 상황은 다윗이 청년이 되어서도 마찬가지였습니다. 다윗은 언제나 사울에게 쫓겨 다니는 신세였습니다. 사울이 누구입니까? 다윗의 장인입니다. 사랑하고 사랑 받아야 할 가족이었습니다. 그러나 다윗은 그 장인의 시기로 늘 죽음의 위협에 노출되어 있었습니다. 그러다가 마침내 전쟁터로 보내졌습니다. 늘 죽음의 위협 속에 살아야 했던 사람, 그가 다윗이었습니다. 그런 그에게 하나님은 언제나 삶을 밝히는 등불이요, 어둠을 밝히는 빛이 되어 주셨습니다.

"내가 사망의 음침한 골짜기로 다닐지라도 해를 두려워하지 않을 것은 주께서 나와 함께하심이라…" 시 23:4

이제 다윗의 처지는 달라졌습니다. 아무도 거들떠보지 않던 막내가 아니었습니다. 장인의 살기에 몸을 떠는 힘없는 신하가 아니었습니다. 그는 한 나라의 왕이요 세상을 정복한 명장이었습니다. 그런데 이전이나 지금이나 하나님을 향한 그의 신앙고백은 동일합니다. 자신이 두려움 없이 나아갈 수 있는 것은 늘 곁에서 지키고 보호하시는 하나님 때문이라는 것입니다. 주님이 내 인생을 밝혀 주셔야 비로소 빛을 낼 수 있다는 것입니다. 다윗은 깨달았습니다. 하나님께서 함께하신다면 어떤 위기와 역경이 다가와도 문제가 되지 않는다는 것을 말입니다. 또 하나님이 내 인생을 밝혀 주시지 않는다면 왕궁의 찬란한 불빛도 아무 의미가 없다는 것을 그는 진심으로 깨달은 것입니다.

오늘날 우리에게도 등불이 필요합니다. 누구의 인생에나 흑암 같은 때는 있기 마련입니다. 그 어둠은 세상의 어떤 빛으로도 밝힐 수 없습니다. 우리 영혼을 밝힐 수 있는 진정한 빛은 하나님만이 주실 수 있습니다.

저는 태백산맥 끝자락에서 태어났고, 초등학교, 중학교, 고등학교 시절을 그곳에서 보냈습니다. 그때만 해도 호롱불이라는 것이 있었습니다. 작은 사기그릇에 기름을 채우고 심지를 꽂아 불을 켰습니다. 불편한 것은 자주 기름을 갈아 줘야 했고, 그마저도 없으면 캄캄한 밤을 보내야 했습니다. 처음 초를 켰을 때는 그게 그렇게 신기했습니다. 호롱불과는 다르게 불도 밝았고, 밤에도 책을 읽을 수 있었습니다. 그러다가 초등학교에 들어간 후에야 마을에 전기가 들어왔습니다. 기적 같은 세상이 열렸습니다. '이런 세상도 있구나' 했습니다. 신기함을 넘어서 신비로웠습니다. 전기가 들어온 날, 집집마다 불을 밝히고 마을 사람들과 함께 만세 삼창을 했습니다. 밤에도 대낮 같아서 책을 펴도 그림자가 생기지 않았습니다.

그런데 하나님의 빛은 이런 것과는 비교도 되지 않습니다. 잠시 세상을 밝혀 주는 것이 아닙니다. 하나님께서 주시는 빛은 내 영혼을, 내 심령의 고통과 눈물을 밝힙니다. 오늘 그 빛을 다윗이 간구하고 있습니다. 내 인생에 등불을 켜 달라고, 내 흑암을 당신이 밝혀 달라고 간구하고 있습니다. 하나님의 빛이 내 영혼을 비추면 새로운 인생이 펼쳐집니다. 하나님의 빛을 내 빛으로 삼을 때 어두웠던 내 인생, 죽어 가는 영혼이 살아나게 되는 것입니다.

언젠가 저와 같은 대학교에서 교수 생활을 하던 이재서 교수님으로부터 저서 한 권을 선물 받았습니다. 이 교수님은 열다섯 살 무렵에 시력을 잃고 시각장애인이 되었습니다. 그런 교수님의 책 제목이 《아름다움은 마음의 눈으로 보인다》입니다. 보이지 않는 세상을 경험하면서 너무나 고통스러웠던 젊은 날, 그는 절규했다고 합니다. 책에 이런 내용이 있습니다.

"나는 그때 깨달았다. 눈물은 고통이 가벼울 때 나온다는 것을. 눈물은 정상적일 때 흘린다는 것을. 눈물은 그래도 희망이 있고 기대가 있을 때 나오는 사치품이라는 것을. 죽는 길밖에 다른 방법이 없다는 생각으로 정신이 분열되는 비정상적 상황에서는 눈물조차 나오지 않았다."

찬란한 꿈을 피워야 할 열다섯 살 소년 앞에 점점 다가온 어두운 세상. 더는 어머니의 얼굴을 볼 수 없고 아름답고 푸른 산을 감상할 수 없었던 흑암의 고통 속에서 그는 절망하고 낙심하며 무릎을 꿇었습니다. 그랬던 소년의 삶에 진정한 빛이 찾아왔습니다. 육신의 눈은 멀었지만 영혼의 눈을 열고 찾아오신 분, 주님이 계셨습니다. 그 후 그분은 공부에 매진하여 미국에서 석사와 박사 학위를 받고, 20년 이상 교수 생활을 하다가 이제는 총신대학교의 총장으로 섬기고 있습니다. 세계밀알연합을 세워서 한국, 미국뿐 아니라 세계 전역에서 고통받는 많은 장애인들을 일으켜 세워 살리고 있습니다. 그분은 이렇게 고백합니다.

"실로 실명은 나에게 기회였다. 실명 때문에 절망도 알았고 희망도 알았다. 실명 때문에 어둠도 알았고 진정한 의미의 빛도 알았다."

이 교수님은 삶의 가장 고통의 순간에 그의 영혼을 밝혀 주신 하나님을 만난 것입니다.

여전히 영혼의 흑암, 어두운 삶의 고통에 괴로워하고 있습니까? 하나님 앞에 나아가려고 할 때 나를 가로막는 아픔이나 어두움이 있습니까? 나의 죄, 허물, 부족, 열등감, 교만, 해결되지 않는 주위 상황, 풀리지 않는 가족의 문제가 끊임없이 우리를 흑암으로 이끌어 갑니까? 이런 인생의 장애, 흑암의 문제 앞에서 기도의 무릎을 꿇어야 합니다. 낙심과 좌절의 무릎을 꿇어서는 안 됩니다. 이때 주님 앞에 드려야 할 기도가 바로 다윗의 기도입니다.

"주님, 당신이 진정한 나의 빛이오니 내 인생의 등불을 밝혀 주십시오. 당신만이 내 인생의 흑암을 밝힐 나의 유일한 주님이십니다."

하나님이 우리 인생의 등불을 밝히시면 새로운 인생이 시작됩니다. 흑암에 끌려다니는 인생이 아니라 세상을 밝히는 인생으로 바뀌게 되는 것입니다. 그뿐만이 아닙니다. 내 인생을 밝히는 것을 넘어서 여전히 흑암 속에 살아가는 수많은 사람도 빛으로 인도하는 하나님의 사람으로 거듭나는 것입니다. 하나님은 인생을 밝혀 달라는 다윗의 기도에 응답하셔서 그의 인생을 끊임없이 빛으로 인도하셨습니다. 이 다윗의 기도가 우리의 기도가 되고 현실로 응답받기를 바랍니다.

▌ 문제 앞에 무릎 꿇지 말고 하나님 앞에 무릎 꿇으십시오

둘째, 다윗은 주를 의지하고 담을 뛰어넘겠다고 결단하며 기도합니다.

> "내가 주를 의뢰하고 적군을 향해 달리며 내 하나님을 의지하고 담을 뛰어넘나이다" 시 18:29

너무나 멋지고 아름다운 고백 아닙니까? 하나님의 이름은 사변이나 관념이 아닙니다. 그 이름을 믿기 때문에 적군을 향해서 달려 나가고 앞에 놓인 모든 장애의 담을 뛰어넘을 수 있는 것입니다. 용기, 용맹 때문이 아닙니다. 하나님을 믿는 진정한 믿음, 하나님을 향한 절대 신뢰가 있기 때문에 나올 수 있는 위대한 고백입니다.

다윗이 주님을 의지했을 때 그에게는 새로운 인생이 펼쳐졌습니다. 골리앗과의 전쟁을 기억합니까? 모든 사람이 벌벌 떨고 있을 때 다윗은 골리앗을 향해 이렇게 외칩니다.

> "다윗이 블레셋 사람에게 이르되 너는 칼과 창과 단창으로 내게 나아오거니와 나는 만군의 여호와의 이름 곧 네가 모욕하는 이스라엘 군대의 하나님의 이름으로 네

적군을 향해서 달려간 다윗. 그를 달려가게 한 힘은 전쟁 무기, 뛰어난 기술, 사람들의 박수 소리가 아니었습니다. 만군의 여호와 하나님, 천지를 창조하신 하나님의 이름이 그의 가슴속에 실제가 되었기에 그것 하나 믿고 적군을 향해 나아간 것입니다. 그 결과 누구도 이기지 못한 거인 장수를 돌멩이 하나로 단숨에 해치웠습니다. 하나님이 원하시면 그 말씀에 살고 죽었던 다윗. 그런 그의 힘의 비결은 무엇이었을까요?

"나의 힘이신 여호와여 내가 주를 사랑하나이다" 시 18:1

다윗에게 하나님은 단순히 이름이 아니었어요. 그가 부른 하나님, 그가 믿은 신앙은 머릿속에서만 맴도는 관념이 아니라 그의 가슴을 타고 그의 손과 발을 움직였던, 살아 있는 실체였습니다. 누구를 정말 의지하며 살아갑니까? 우리가 믿고 따라가는 분이 주님이시라면 우리도 다윗과 같은 고백을 해야 합니다. 주님을 사랑하기에, 주님이 내 힘이 되시기에 그것을 믿고 적군을 향해 달려 나가야 합니다.

삶 속에서 하나님을 드러내는 미셔널 라이프는 말처럼 쉬운 일이 아닙니다. 세상은 끊임없이 우리를 공격합니다. 믿음 때문에, 그리스도인이라는 것 때문에 여러 가지 공격을 받으며 살아 내야 합니다. 이런 시대에 삶으로 예수 그리스도를, 복음을 보여 주는 일이 쉽겠습니까? 이런 시대를 살면서 그럼에도 세상을 변화시키기 위해서 우리에게 필요한 것은 무엇일까요? 세상보다 강한 힘입니까? 세상을 정복하기 위한 전략입니까? 세상보다 더 뛰어난 지혜입니까? 아닙니다.

사울은 다윗에게 갑옷과 투구를 입히고 손에는 칼을 쥐어 줍니다. 적과 싸우려면 그런 것들이 필요하다고 생각한 것입니다. 그러나 하나님의 이름을 절대적으로 믿고 따라가는 사람에게는 이런 세상의 것들이 거추장스러울 뿐입니다. 하나님 한 분만으로 만족하고 그분만이 능력과 힘이 되는 사람은 주님의 이름에 의지해서 나아갑니다. 복음이 세상을 정복하는 능력이라는 것을 정말 믿는 사람이라면, 성령이 나에게 주시는 힘이라는 것을 정말 믿는 사람이라면 믿음 하나만 가지고 나아갈 수 있습니다.

오늘날 신앙은 너무나 세련되어 믿음 하나만 가지고 담을 뛰어넘으려고 하지 않습니다. 적군을 향해 무모하게 달려가는 사람들을 향해 어리석다고, 무모하다고 말하는 시대가 되어 버렸습니다. 그러나 하나님을 믿는 자들에게 그것은 무모함이 아니라 삶입니다. 그러한 삶을 통해서, 믿음을 통해서 기적의 역사가 일어나는 것입니다.

내 앞에 수많은 장애물이 놓여 있습니까? 삶에 난관이 닥쳤습니까? 인생의 장애물은 때로 하나님을 체험하는 디딤돌이 될 수 있습니다. 기독교 역사는 이 장애물들을 뛰어넘고 디딤돌로 삼아서 오늘까지 왔습니다. 모든 것을 다 가졌다 할지라도 믿음이 사라져 버리면 다 사라지는 것입니다.

《하늘에 속한 사람》은 중국 지하 교회의 현실을 잘 보여 주는 책입니다. 중국이 어떤 나라입니까? 수많은 선교사를 죽이고 추방시켰습니다. 그들은 중국 땅에 기독교인이 한 사람도 없다고 외쳤습니다. 그 공산주의에 피를 흘리면서 죽음의 현실을 마주했던 생명의 신앙, 진리의 신앙이 오늘까지도 타오르고 있습니다. 오늘날도 변함없이 이어지는 박해 앞에서 저자가 하는 부탁이 있습니다.

"박해를 멈추게 해 달라고 기도하지 않기 바란다! 우리는 날라야 할 짐이 가벼워지도록 기도하기보다는 더욱 튼튼하게 견뎌 낼 수 있는 등허리를 달라고 기도해야 한다! 그러면 세상은 하나님이 우리와 함께 계셔서 우리가 당신의 사랑과 권능을 드러내며 살 수 있도록 능력을 부어 주심을 보게 될 것이다. 이것이 진정한 자유다!"

홍해 앞에서 우리가 봐야 하는 것은 우리를 삼킬 듯 출렁이는 파도가 아닙니다. 사방이 막혀도 우리에게 다가오시는 하나님의 손길을 봐야 합니다. 사막에 길을 내고 바위에서 물을 내시는 하나님을 봐야 합니다. 그럴 때 역사가 일어나는 것입니다. 우리의 문제는 바다의 깊이나 파도의 높이가 아닙니다. 전능하신 하나님을 향한 믿음이 없는 것, 바다를 마른 땅같이 건너게 하신 그 역사의 하나님을 믿는 믿음이 없는 것입니다.

우리 교회는 지난 50년 가까이 수많은 난관과 역경, 장애물들을 헤치고 지금까지 왔습니다. 어르신들의 신앙과 눈물과 땀으로 걸어온 역사입니다. 우리가 넘어야 할 수많은 난관이 있었어요. 하지만 하나님을 의지하는 믿음 하나 가지고 담을 뛰어넘고 오늘까지 왔습니다. 높은 담을 바라보기보다 전능하신 하나님의 역사를 바라보면서 오늘까지 뛰어 왔습니다. 우리가 존경하는 믿음의 어르신들에게 배워야 할 믿음이 바로 이것입니다. 우리가 사랑하는 다음 세대, 자녀들에게 물려주어야 할 것도 이 믿음입니다. 현실을 바라보고 우물쭈물하는 신앙이 아니라 전능하신 하나님, 우리의 오른손을 붙드시는 하나님과 함께 담을 뛰어넘는 믿음. 그 믿음 하나 가지고 세상 앞에 겸손하고 당당하게 서는 우리의 다음 세대를 키워야 합니다.

우리 앞에 좀처럼 풀리지 않는 인생의 문제들이 있습니다. 자녀들은 생각처럼 따라주지 않고 배우자와의 관계에서는 답이 보이지 않을 수 있습니다. 마음은 굴뚝같지만 열리지 않는 취업 문제, 결혼 문제, 여러 인생의 문제들이 산적합니다. 그러나 이 모든 문제는 우리가 무릎 꿇어야 하는 대상이 아니라 뛰어넘어야 할 대상입니다. 우리는 인생의 문제가 아니라 하나님 앞에 무릎 꿇어야 합니다.

세상을 향해서 우리가 뛰어넘어야 할 담이 있습니다. 하나님께서 우리에게 하신 부탁이 있습니다. 땅 끝까지 가서 이 생명의 복음을 전파하라는 명령입니다. 세상은 점점 어두워져 가고 있습니다. 그리스도를 향한 핍박의 수위는 높아져 가고, 그리스도인이라는 이름조차 함부로 밝히기 어렵습니다. 그러나 시대 앞에서 벌벌 떠는 자가 되어서는 안 됩니다. 모든 역사를 주관하시고 인생을 창조하신 여호와 하나님의 이름을 가지고 담을 뛰어넘어야 할 사명이 우리에게 있습니다. 한 사람 한 사람을 진리의 말씀으로 변화시키고 전 세계에 하나님의 복음을 가지고 나아가야 할 사명이 우리 앞에 놓여 있는 것입니다. 이 사명을 위해서 우리는 주님 앞에 기도해야 합니다.

"주님, 당신이 우리의 등불이오니 제 인생을 밝혀 주십시오. 그리하면 어두워진 이 세상을 당신의 빛으로 밝히겠습니다. 제가 당신을 절대적으로 의지하는 믿음으로 이 세상 한복판으로 뛰어가겠습니다. 적군을 향해서 주님을 믿는 믿음으로 달려가겠습니다. 제 앞의 수많은 난관, 장애물을 믿음으로 극복하고 뛰어넘겠습니다."

다윗이 그랬고, 우리의 수많은 믿음의 선배가 그렇게 살아왔습니다. 이제 우리가 그렇게 살아가야 할 때입니다. 이 믿음을 가지고 주님께서 우리에게 맡기신 사명의 땅을 향해서 주님의 손을 붙잡고 담을 뛰어넘기를 주의 이름으로 축복합니다.

13장. 고라 자손:

찬란한 궁정보다 주님 품이 평안합니다

_ 시편 84:1-12

　진짜 소중한 것은 잃어 봐야 그 가치를 깨닫기 마련이지요. 사랑하는 부모님을 먼저 주님의 품에 보낸 사람들, 때로는 안타깝게 사랑하는 가족을 먼저 보낸 사람들은 이것이 무슨 의미인지 잘 알고 있습니다.

　언젠가 우리 교회에 출석한 젊은 부부가 기억납니다. 이전 교회에는 아이들을 맡길 곳이 없어 함께 예배를 드리다 보니 집중하기 어려웠다고 하더군요. 우리 교회에서는 아이들을 잘 보살펴 주어서 부부가 오랜만에 둘이서만 오붓하게 예배를 드렸는데, 어찌나 감격스러웠는지 눈물을 쏟았다고 했습니다. 사모함이 강한 곳에 하나님의 은혜도 강한 법입니다.

시편 84편은 하나님의 궁정, 하나님의 전을 사모하는 한 편의 아름다운 시입니다. 하나님의 백성이 함께 예배하는 것을 그리워하면서 아름답게 노래합니다. 그런데 이 시를 가만히 읽다 보면 아름다움을 넘어 애달픈 느낌까지 듭니다. 이유가 있습니다. 시편의 기자는 하나님의 백성과 함께 예배하지 못하고 떨어져서 성전을 그리워하고 있습니다. 이전에 마음껏 예배하던 것을 그리워하면서 눈물로 쓴 시인 것입니다. 사람들은 이 시편의 기자가 다윗이 아닐까 생각합니다. 성전을 가장 사모했던 그가 압살롬의 반란을 피해 예루살렘을 떠나 있을 때 백성과 함께 예배하던 그날을 그리워하면서 쓴 시가 아닐까 추측합니다. 하나님의 성전을 향한 그리움을 어떻게 묘사하고 있을까요?

▌성전이 아름다운 것은 하나님의 임재가 있기 때문입니다

"만군의 여호와여 주의 장막이 어찌 그리 사랑스러운지요" 시 84:1

하나님의 장막이 사랑스러운 것은 건물 디자인이나 인테리어 때문이 아니지요. 하나님이 임재하시는 곳이기 때문에, 하나님의 백성이 함께 모여 예배하는 곳이기 때문에 아름다운 것입니다. 다윗은 시편의 다른 곳에서도 하나님의 궁전에 대한 아름다움을 노래했습니다.

"내가 여호와께 바라는 한 가지 일 그것을 구하리니 곧 내가 내 평생에 여호와의 집에 다윗은 한 나라의 왕입니다. 찬란하게 모든 걸 누릴 수 있는 위치에 있는 사람입니다. 그런 그가 하나님의 집에서 하나님을 찬송하기 위해 삶을 다 보내기를 원한다고 고백하고 있습니다.

우리 교회를 방문하는 선교사님들이 간혹 이런 이야기를 합니다. 척박한 선교지에서 예배를 드리다가 공동체가 함께 예배하는 곳에 오니, 들어오는 길부터 가슴이 너무 설레었다고 말입니다. 그러면서 하나님 앞에 나아가는 기쁨을 나누어 줍니다. 우리는 주일에 모여서 예배하는 것이 평범한 일이지요. 그렇지만 어떤 이들에게는 고난을, 순교를 각오해야 하는 일입니다. 우리는 아무런 거리낌 없이 봉사자들의 안내를 받아 편안하게 예배당에 들어오지만, 어떤 이들은 이 자리에 앉아 예배드리는 것이 인생의 마지막 소원일 수 있습니다.

최근에 한 집사님이 큰 병을 얻어 집에서 인터넷으로 예배를 드리게 되었습니다. 그분이 그럽니다.

"목사님, 우리 공동체와 함께 예배하고 싶습니다. 기어서라도 교회에 가고 싶은 심정입니다."

이런 마음으로 주의 전을 사모하고 갈급해 합니까? 하나님은 이렇게 예배를 사모하는 예배자를 찾으십니다.

여호와의 궁정을 사모하는 시인이 고백합니다.

"내 영혼이 여호와의 궁정을 사모하여 쇠약함이여 내 마음과 육체가 살아 계시는

하나님께 부르짖나이다" 시 84:2

하나님을 향한 애절함을 이토록 애달프게 노래할 수 있을까요? 신앙인이든 아니든 우리가 똑같이 경험하는 것이 있습니다. 그리움이 깊어지면 아픔이 되고 사랑이 깊어지면 병이 된다는 것입니다. 왜 이렇게 아프도록 하나님의 성전을 사모한다고 이야기할까요?

"주의 집에 사는 자들은 복이 있나니 그들이 항상 주를 찬송하리이다(셀라)" 시 84:4

시편 기자는 주님의 집에 거하는 것 자체가 복이요, 하나님을 예배하는 것이 표현할 수 없는 복이라고 노래합니다. 가끔 교회에서 이런 질문을 하는 분들이 있습니다.

"목사님, 교회에 나오면 보기 불편한 사람도 있고, 은혜 받기도 어려운데 그냥 혼자 집에서 예배하면 어떨까요?"

교회에 나오기 어려운 상황이라면 그렇게 하는 것도 감사한 일입니다. 그러나 예배가 무엇인지를 알게 된다면 공동체 예배가 얼마나 소중한지를 깨닫게 됩니다. 예배란 이 땅의 백성, 그리스도의 지체들이 함께 하나님을 높이고 그분의 영광을 찬양하는 것입니다. 교회는 이러한 예배자들이 모인 곳입니다. 우리는 언젠가 이 땅을 떠나서 하나님 앞에 온전한 모습으로 서게 되겠지요. 예배는 이 땅에서 미리 그날을 연습하고 하나님을 맛보는 그림자와 같습니다. 그리고 교회는 이 땅에 미리 하나님 나라를 보여 주는 것입니다.

물론 우리는 개인적으로 가정이나 직장에서 매일 예배를 드려야 합니다. 그러나 공동체가 함께 드리는 예배도 필요합니다. 그 시간을 통해 하나님 앞에 나아가는 것 자체가 그리스도인에게 주어진 영광스러운 특권입니다. 교회가 완전해서가 아니에요. 우리는 모두 불완전합니다. 그러나 하나님은 이 불완전한 교회를 주님의 피 값으로 세우셨습니다. 그래서 하나님은 교회와 우리를 소중히 여겨 주십니다. 우리가 삶을 드려 예배해야 하는 이유가 여기에 있습니다.

교회는 건물이 아닙니다. 그리스도인 한 사람, 한 사람이, 나 자신이 바로 교회입니다. 부족한 부분이 있으면 하나님께 기도하십시오. 그 부족한 부분을 온전하게 하시기 위해 주께서 나를 부르신 줄 아십시오. 종교개혁가들이 한 말이 있습니다.

"교회를 어머니로 섬기지 못하는 사람은 하나님을 아버지로 섬길 수 없다."

눈에 보이는 교회도, 하나님의 백성도 섬기지 못한다면 어찌 보이지 않는 하나님 아버지를 섬길 수 있겠습니까? 그래서 다윗은 하나님의 궁정을 너무나 사모했기에 영혼이 아파 오고 쇠약해져 갔다고 고백하는 것입니다.

한국의 유명한 부흥사였던 이성봉 목사님은 늘 오른손을 꼭 쥐고 다녔답니다. 누군가 왜 그렇게 오른손을 쥐고 다니느냐 묻자 그가 이렇게 대답했다고 합니다.

"한 순간이라도 주님의 손을 놓지 않으려고 꼭 쥐고 다닙니다."

하나님을 정말로 사모하기에 영혼이 아픈 사람의 모습입니다.

'밤이나 낮이나'라는 찬양을 부르다 보면 하나님을 향한 절절한 사랑이 고스란히 전해집니다.

나의 소망 되신 주 주를 바라봅니다

다시 오실 나의 왕 예수 주를 기다립니다

밤이나 낮이나 어제나 오늘도 영원히 주만 찬양해

괴롭고 슬플 때 낙망하여 넘어져도

언제나 주만 찬양하겠네

-'밤이나 낮이나', 레베카 황

어떤 상황 속에서도 주님 오실 날을 기다리면서 주님을 찬양합니까? 예배당에 들어갈 때마다 그저 여느 건물에 들어가는 것이 아니라 하나님 품에 들어가는 마음으로 가기를 바랍니다. 하늘 문이 열리는 은혜를 충만히 받기 바랍니다. 주님 앞에 깊이 나아가서 영적 교제를 누리기를 축복합니다.

주님의 궁정은 우리 영혼의 영원한 보금자리입니다

하나님의 임재가 있는 주의 장막이 어떤 곳일까요? 시인은 3절에서 이렇게 노래합니다.

"나의 왕, 나의 하나님, 만군의 여호와여 주의 제단에서 참새도 제 집을 얻고 제비도 새끼 둘 보금자리를 얻었나이다" 시 84:3

미물조차도 고이 품고 평안을 주시는 하나님. 이 말씀을 가만히 묵상하다 보니 '참 이 말씀이 옳다'라는 생각이 듭니다. 시골에서 학교를 오고 가다 보면 산길이나 들길을 자주 다니는데, 그러다 보면 자연스럽게 새집을 찾곤 합니다. 목적은 새 알입니다. 어느 날은 알을 품고 있는 어미 새까지 잡아 왔습니다. 이 말씀을 묵상하다 보니 그때 그 새들에게 참 미안하더군요. 집에 오면 초가 밑에 제비가 와서 늘 집을 지었습니다. 마당에는 참새가 많았는데, 어찌된 일인지 제비는 마당에 잘 내려오지 않았습니다. 아마도 제 몸의 안위를 걱정해서였겠지요. 그 작은 몸으로 세상을 살아가는 것이 녹록치 않았을 것입니다.

그런데 그 참새와 제비가 하나님의 집에서 쉼을 얻고 새끼들의 보금자리를 찾았다고 합니다. 얼마나 마음 놓이는 일입니까? 자비와 사랑이 끝이 없는 분, 이분이 우리 하나님이십니다. 하나님의 사랑을 노래하면서 가만히 들여다보니 그 너머에 보이는 사람이 있습니다. 바로 저입니다. 주님 앞에 참새처럼 보잘것없는, 하찮은 죄인 중 한 명일 뿐인데 하나님이 사랑으로 찾아오셔서 당신의 피로 구원셨습니다. 그뿐만 아니라 은혜를 주셔서 하나님의 사람으로 세우셨습니다.

어디 저뿐이겠습니까? 우리는 모두 이 사랑을 받았습니다. 어디에서 와서 어디로 가는 것이 인생인지도 모른 채 영원한 지옥을 향해 가던 죄인, 그 죄인에게 베푸신 주님의 사랑. 그 사랑을 받았기에 우리는 여호와의 집에 올 때마다 두려움에 떨지 않아도 됩니다. 품어 주시는 주님 안에서 자유함으로 찬양하면 됩니다. 이것이 은혜입니다. 이 은혜는 그냥 주어진 것이 아닙니다.

"예수께서 이르시되 여우도 굴이 있고 공중의 새도 집이 있으되 인자는 머리 둘 곳이 없도다 하시고" 눅 9:58

예수님은 이 땅에 오셔서 머리 둘 곳이 없으셨습니다. 하늘의 왕께서 모든 보좌를 버리고 이 땅에 오셔서 영원히 심판받아야 할 나를 위해 대신 죽기까지 하셨는데 머리 둘 곳조차 없으셨다고 합니다. 그 주님의 측량할 수 없는 사랑과 은혜로 우리는 두려움 없이 주님의 전에 나와서 그곳에 머물고 찬송할 수 있게 되었습니다.

이민 생활 가운데 고달픈 눈물로 불면의 밤을 지새워 보지 않은 사람이 누가 있겠습니까? 우리 하나님이 그 크신 사랑으로 우리를 품어 주셨고 당신의 자녀로 삼아 주셨습니다.

찰리 채플린이 남긴 유명한 말이 있지요.

"인생은 멀리서 보면 다 희극처럼 보이지만 가까이서 보면 비극이다."

그렇습니다. 눈물 없이 살아가는 사람이 어디에 있겠습니까? 그것 때문에 우리 예수님이 오신 것 아니겠습니까? 그래서 이 땅에 교회가 필요한 것 아니겠습니까? 한국 교회가, 그리고 와싱톤중앙장로교회가 지역 사회에서 주님 닮기를 바랍니다. 큰 사랑으로 한 사람 한 사람을 위해 기도하고 품기를 바랍니다.

하나님은 우리에게 약속하셨습니다.

"그들이 눈물 골짜기로 지나갈 때에 그 곳에 많은 샘이 있을 것이며 이른 비가 복을 채워 주나이다 그들은 힘을 얻고 더 얻어 나아가 시온에서 하나님 앞에 각기 나타나리이다" 시 84:6-7

하나님의 은혜로 말미암아 생명의 샘, 진리의 샘이 터져 나오는 곳, 눈물 골짜기를 지나는 영혼이 목을 축일 수 있는 곳, 그 놀라운 은혜의 장소가 교회입니다. 우리는 그 은혜를 교회에서 경험할 수 있어야 합니다. 주님의 궁전에서 살기를 원했던 한 시인의 마지막 고백이 어떠합니까?

"주의 궁정에서의 한 날이 다른 곳에서의 천 날보다 나은즉 악인의 장막에 사는 것보다 내 하나님의 성전 문지기로 있는 것이 좋사오니" 시 84:10

하나님이 없더라도 화려한 궁궐에 살기를 원합니까? 아니면 하나님이 계신 곳 문지기로 살기를 원합니까? 지금 무엇을 위해 끊임없이 달려갑니까? 내 만족을 위해서입니까? 주님 앞에 잠잠히 무릎 꿇는 것 하나만으로도 만족이 있는 인생입니까?

목회를 하면서 성도님들을 만나면 감사하게 되는 일이 참 많습니다. 새벽기도를 마치면 언제나 그 자리에서 두 시간씩 하나님 앞에 깊이 기도하는 분. 낮이나 밤이나 성전 이곳저곳을 눈물로 적시며 간절하게 기도하는 분. 밤이 늦도록 중보기도실에서 나올 줄 모르고 간절하게 기도를 올려 드리는 분. 공동체 예배가 그리워 저 멀리서부터 네 시간씩 차를 몰아 주일예배에 참석하는 분. 이런 분들을 보면 목사로서 제대로 서야겠다는 생각에 정신이 바짝 듭니다. 저조차 이러할진대 하나님이 그런 성도님들을 보면 얼마나 기쁘고 행복하실까요?

언젠가 다른 교회 세례식에 참석했는데, 그곳에서 한 성도님의 간증을 들었습니다. 어릴 때 교회에 다니다가 대학을 졸업하고 직장생활을 하면서 신앙을 버리게 되었다고 합니다. 그런데 뇌경색이 찾아왔고, 한쪽 팔과 다리를 못 쓰게 되었습니다. 이 일을 계기로 다시 주님 앞에 나와 예수님을 영접하고 세례를 받게 되었다고 했습니다. 그러면서 이런 이야기를 했습니다.

"누군가 제게 이전의 건강한 몸으로, 하나님을 모르던 때로 돌아가기를 원하느냐고 묻는다면, 결코 원하지 않는다고 대답하겠습니다. 비록 제 몸은 성치 않지만 하나님을 아는 지금이, 하나님의 사랑을 깨달은 지금이 훨씬 더 행복하기 때문입니다."

하나님 앞에서 자기 자신을 발견하고 천국의 기쁨을 맛본 사람의 진솔한 고백입니다. 주님의 전을 사모하며 살아가는 사람, 하나님을 사모하기에 매 순간 그분 전을 사모하며 살아가는 사람의 고백입니다.

처음 주님을 만났을 때를 기억합니까? 청년의 때에 하나님께 올려 드렸던 고백을 기억합니까? 하나님 한 분만으로 만족한다고, 표현할 수 없는 영원한 생명의 감격으로 어찌할 바를 모르던 때. 시간은 흘러 그때의 20-30대 청년이 40-50대 중년이 되어 갑니다. 처음 주님을 만났을 때 우리의 고백이 그러했다면 이제는 그 고백대로 살아 내야 할 때입니다.

교회는 비록 불완전하더라도 땅 위에 하나님 나라를 보여 주는 유일한 통로입니다. 아무리 교회가 아름답고 영광스럽다 하더라도 우리가 언젠가 주님 앞에 서게 될 그 천국의 온전한 교회를 생각하면 그림자일 뿐입니다. 우리는 100년이 채 되지 않는 인생을 살면서 언젠가 만날 주님을 사모하며 이 교회에서 그날을 기다려야 합니다. 교회에서 천국을 경험해야 합니다. 그래야 언젠가 천국에 갔을 때 놀라서 도망쳐 나오는 일이 없지 않겠습니까? 언젠가 우리가 육신의 눈을 감게 되는 날, 막연했던 모든 것이 새롭게 시작될 것입니다. 주님 앞에 서게 되는 날, 영원한 궁정, 영원한 천국에서 주님을 찬양하게 될 것입니다. 그날을 바라보면서 아름다운 순례자의 길을 걷다가 마침내 주님 앞에 서기를 주의 이름으로 축복합니다.

기도는
세계를 고치는 일입니다

_ 역대하 7:14-16

솔로몬 왕의 가장 위대한 업적 중 하나가 성전 건축입니다. 하나님의 마음에 꼭 맞았던 사람 다윗도 하지 못한 일을 솔로몬은 말씀에 따라 7년 만에 완성했습니다.

성전 건축은 이스라엘 백성에게도 특별한 의미였습니다. 그들에게는 하나님의 자녀라는 것을 알려 주는 세 가지 증표가 있습니다. 아브라함의 피의 자손이라는 것, 하나님이 직접 내려 주신 율법을 가지고 있다는 것, 그리고 하나님과 교제할 수 있는 성전이 있다는 것입니다. 이스라엘 백성은 왜 그토록 성전을 중요하게 생각한 걸까요? 그들은 하나님 앞에 나아가서 하나님을 만나는 곳이 성전이라고 생각했습니다. 또한 하나님이 이스라엘 백성에게 찾아오시는 통로 역시 성전이라고 여겼습니다. 마침내 그 화려한 성전이 완성되었습니다. 하나님은 사람들이 환호하며 들떠 있을 때 그 백성, 특히 솔로몬에게 말씀하십니다.

> "내 이름으로 일컫는 내 백성이 그들의 악한 길에서 떠나 스스로 낮추고 기도하
> 여 내 얼굴을 찾으면 내가 하늘에서 듣고 그들의 죄를 사하고 그들의 땅을 고칠
> 지라" 대하 7:14

하나님은 눈에 보이는 성전보다도 훨씬 더 중요한 것이 있다고 말씀하십니다. 그것은 하나님의 백성답게 살아가는 것, 하나님과 그분의 낯빛을 간절하게 구하며 살아가는 것입니다. 하나님이 기뻐하시는 삶, 하나님이 기대하시는 신앙인의 삶은 어떤 삶일까요? 하나님이 이스라엘 백성을 부르시는 이름에 그분의 속마음이 들어 있습니다.

┃ 스스로를 낮추면 겸손이요 높이면 교만입니다

하나님은 이스라엘 백성을 "내 이름으로 일컫는 내 백성"이라고 하십니다. 하나님의 이름에는 그분의 성품, 인격, 속성 등 모든 것이 다 들어 있습니다. 그 이름에 걸맞게 불리는 나의 백성이라는 것입니다.

그렇다면 그리스도인이란 무엇입니까? 예수 그리스도께 속한 사람이라는 뜻입니다. 하나님께서는 우리 한 사람 한 사람을 부르실 때도 "내 이름에 합당한 나의 백성"이라고 부르십니다. 우리가 하나님 앞에

기도할 수 있는 근거가 여기에 있습니다. 하나님 백성답게 살아가야 할 이유도 여기에 있습니다. 그렇다면 하나님 앞에서 살아가는 인생이란 무엇일까요? 간절하게 하나님을 구하는 인생은 어떤 인생을 말하는 걸까요? 하나님은 세 가지로 우리에게 말씀해 주십니다.

첫째, 하나님은 겸손한 자세로 자신을 낮추어 기도하라고 하십니다. 말씀의 순서가 중요합니다. 한글 성경에는 악한 길에서 떠나고, 스스로 낮추고, 하나님 얼굴을 찾으라고 번역되어 있습니다. 그러나 히브리어 성경을 보면 스스로 낮추고, 하나님 얼굴을 찾고, 악한 길에서 떠나라고 기록되어 있습니다. 하나님 앞에서 살아가는 사람의 가장 중요한 것이 무엇이라고 합니까? 겸손하게 자기를 낮추는 것입니다. 스스로를 낮추면 겸손하게 되고 높이면 교만하게 되는 것입니다. 교만은 모든 죄악의 근본이지요. 반대로 모든 축복의 시작은 겸손한 자세입니다.

죄가 무엇입니까? 하나님의 말씀보다도 사탄의 말을 앞세우는 것입니다. 자기 생각을 가지고 하나님의 말씀을 왜곡시키는 것입니다. 죄가 바로 여기에서 시작되었습니다. 하나님처럼 되고자 했던 교만한 마음이 모든 타락의 시작이었습니다. 주님이 오늘 그곳부터 건드리십니다. 자신을 스스로 낮추고 하나님 앞으로 나아가라고 명령하십니다. 누가 이렇게 스스로를 낮출 수 있을까요? 파스칼이 이런 말을 남겼습니다.

"세상에는 두 종류의 인간이 존재한다. 한 종류는 스스로 죄인이라고 느끼는 의인, 다른 하나는 스스로 의인이라고 느끼는 죄인이다."

누가 스스로 죄인임을 인정하고 하나님 앞에 겸손할 수 있습니까? 하나님만이 나의 구원자라는 사실을 아는 사람입니다. 하나님 앞에서 자기 자신을 발견한 사람입니다. 그들은 스스로 죄인임을 알고 인정합니다. 그 마음을 갖고 살아가는 사람을 우리는 겸손한 사람이라고 말합니다.

이스라엘 백성은 교만했습니다. 그들은 하나님께 선택받은 민족, 율법을 가진 백성이었지만 하나님 자리를 다른 것으로 가득 채웠습니다. 예수를 믿는다는 것은 인생의 주인을 나에게서 하나님으로 바꾸는 것을 말합니다. 이스라엘 백성의 주인도 창조주 하나님이셔야 했습니다. 그러나 그들은 그 자리에 우상을 두고 섬겼습니다. 어떤 사람들은 스스로 주인이 되어 말씀을 버리고 자기 소견에 옳은 대로 살았습니다. 하나님께서 그들에게 이렇게 말씀하십니다.

"스스로를 낮추고 겸손하게 나아오라. 그러면 내가 응답하겠다."

한국에서 잠시 택시를 탔을 때의 일입니다. 기사님을 보는데, '어쩌면 다시 만날 기회가 없겠다'는 생각이 들었습니다. 그래서 복음을 전하기로 마음먹었습니다. 이분이 처음에는 제가 하는 이야기를 가만히 듣기만 하다가 얼마 안 있어 머뭇거리며 속마음을 털어놓았습니다. 알고 보니 이분의 할머니는 우리나라에 기독교가 부흥하던 초창기에 복음을 받아들였던 분이었습니다. 얼마나 주님과 교회를 향한 사랑이 불탔던지, 그 시절에 살던 좋은 집을 교회에 헌납했다고 합니다. 그 집이 교회가 된 것입니다. 그 덕분에 할머니는 집도 없이 걸어서 한 시간이나 떨어진 곳에 살면서 교회를 다녔습니다. 이분도 그 할머니의 손을 잡고 교회를 다녔다고 합니다. 그렇게 할머니의 신앙, 어머니의 신앙을 이어받아서 아름답게 자신의 신앙을 꽃피웠습니다. 그런데 나이가 들어 사업이 잘되고 편안한 인생을 살게 되자 하나님을 잊어버리기 시작했습니다. 그분이 말했습니다.

"목사님, 하나님이 그렇게 은혜 주실 때 제가 그분 앞에 나아갔어야 했는데, 믿음생활을 뒷전으로 하고 살았더니 하나님이 저를 치셨습니다. 사업이 망해서 지금은 택시 운전을 하며 겨우겨우 살아 내고 있습니다."

알고 보니 이분이 교회 안수집사님으로 섬기고 있었습니다. 할머니와 어머니가 그렇게 기도를 많이 하셨는데, 자기는 생업에 바빠 봉사한번 제대로 못 하고 있어 하나님께 죄송하답니다. 때때로 할머니와 어머니의 기도 소리가 귀에 맴돌 때는 너무 마음이 아프다고 고백했습니다. 한 손으로는 운전대를, 다른 한 손으로는 눈물을 훔치는 그분을 보며 저 역시 마음이 참 뜨거워졌습니다.

하나님께서 긍휼을 베푸시고 찾아오시는 사람이 바로 이런 사람입니다. 자신의 부족함, 연약함을 알고 하나님 앞에 죄송한 마음으로 나아가는 사람. 지금 생업 때문에 교회에 갈 수도 없고 봉사도 할 수 없어 주님 앞에 죄송해하는 분이 있습니까? 지금 있는 직장이, 가정이 예배의 처소입니다. 그곳이 하나님과 교제할 수 있는 기도의 장소입니다. 하나님께서 그 마음을 잘 아십니다. 그 마음을 위로하십니다. 겸손하게 하나님 앞으로 나아가는 사람, 하나님은 그런 사람의 기도를 듣고 응답하겠다고 말씀하십니다.

하나님도 우리 얼굴을 보고 싶어 하십니다

둘째, 하나님은 간절한 마음으로 그분의 얼굴을 구하라고 하십니다. 하나님의 얼굴이란 외모를 말하는 것이 아니지요. 그분의 속성, 인품, 즉 하나님 자신을 구하라는 말씀입니다. 하나님의 임재를 사모하며 살아가라는 것입니다.

사랑하는 사람이 생기면 어떻습니까? 그 얼굴이 밤낮으로 떠오릅니다. 얼굴만 바라보고 있어도 행복이 넘칩니다. 사람은 이렇듯 사랑하는 이의 얼굴을 그리워합니다. 우리 교회 어느 목사님의 딸은 잘 때면 꼭 엄마의 얼굴을 마주보고 잔다고 합니다. 혹시라도 중간에 잠에서 깼는데 엄마 얼굴이 보이지 않으면 그렇게 섭섭해 한답니다. 엄마의 얼굴을 사모하는 어린아이처럼 하나님 얼굴을 사모합니까? 그 영광의 낯빛을 그리워하며 살아갑니까? 주님은 그런 사람에게 응답하겠다고 말씀하십니다. 그렇다면 간절하게 하나님의 얼굴을 찾는 것이 왜 중요할까요?

어린아이는 무언가 잘못하면 부모의 얼굴을 피합니다. 친구에게 잘못하면 그 친구의 얼굴을 피하지요. 인류의 조상 아담도 그랬습니다. 죄를 짓고 난 후 그가 처음 한 일이 무엇입니까? 두려워하면서 하나님의 얼굴을 피해 숨었습니다. 가인도 마찬가지입니다. 동생 아벨을 살인하고 에덴의 동쪽으로 도망쳐 하나님의 낯빛을 피했습니다. 그런데 하나님이 그러지 말라고 말씀하십니다. 우리의 죄와 허물이 크더라도 자비하신 하나님 앞에 다시 한번 나아오라는 것입니다. 하나님은 여전히 사랑의 눈으로 우리를 보시고 우리에게 찾아오십니다.

이 말씀을 가만히 묵상하다 보니 하나님 마음이 느껴졌습니다. 하나님은 왜 그렇게 얼굴을 구하라고 하시는 걸까요? 하나님도 우리 얼굴이 보고 싶으신 것입니다. 하나님도 우리와 함께 얼굴을 보며 교제하길 원하십니다.

제가 한국에 있을 때 자주 다니던 기도원이 있습니다. 그 기도원에 올라가다 보면 기도 굴들이 있습니다. 그곳에서 기도를 한 일이 있습니다. 저는 기도할 때면 늘 "하나님의 낯빛을 보게 해 주십시오. 하나님의 영광을 바라보며 살도록 은혜를 주십시오" 하고 기도합니다. 그렇게 기도하다 보면 밤을 지새우며 기도하는 소리가 들려옵니다. 모든 기도 소리가 간절합니다.

기도하는 사람에게 제가 늘 하는 말이 있습니다. 기도 줄을 잡고 기도하라고 말이지요. 기도 줄을 잡고 기도하면 우리의 기도 소리가 떨어지지 않고 하나님 앞으로 나아갑니다. 하나님의 낯빛을 바라보면서 주님과 대화하듯 기도하기 때문에 그렇습니다. 하나님의 낯빛을 보면서 기도하지 않으면 한 시간도 기도하기가 어렵습니다. 어떻게 밤을 지새우며 기도할 수 있을까요? 기도 줄을 통해 하나님과의 영적인 교제가 일어나면 기도에 힘이 넘칩니다.

우리는 하나님의 영광의 낯빛을 간절히 사모하는 마음으로 주님께 기도하며 나아가야 합니다. 그게 어떤 마음일까요?

"하나님이여 사슴이 시냇물을 찾기에 갈급함 같이 내 영혼이 주를 찾기에 갈급하

사슴이 시냇물을 찾듯 주님을 찾는 사람, 하나님은 그런 사람의 간절한 기도에 응답하십니다. 갈급한 영혼에게 하나님의 광채가 환히 비칠 때 우리 인생의 해답을 찾게 될 것입니다.

▎회개는 하나님의 영광의 낯빛을 봐야 할 수 있습니다

셋째, 하나님은 악한 길에서 떠나 당신께 나아오라고 하십니다. 겸손하게 자기 자신을 낮추는 것이 시작이라면 하나님의 영광의 낯빛을 구하며 은혜를 받아야 하고, 은혜를 받았으면 거기서 끝나는 것이 아니라 악한 길에서 떠나는 구체적인 삶의 적용을 보이라는 말씀입니다. 이스라엘 백성이 그들의 역사 속에서 수도 없이 들었던 말씀이 바로 악한 길에서 떠나라는 말씀입니다.

하나님이 가장 싫어하시는 악이 무엇일까요? 하나님의 자리에 다른 것을 놓는 것입니다. 때로는 내 생각, 내 자아, 내 자녀, 내 미래, 내 꿈, 내 성격, 나로 말미암는 그 어떤 것이든 하나님의 자리를 대신하면 그것이 우상이 됩니다. 그토록 사랑이 많으신 하나님이 우리의 기도를 듣지 않으시는 이유가 무엇입니까? 우리와 하나님 사이를 막아 버리는 죄 때문입니다. 그래서 우리에게 회개하라고, 악한 길에서 돌아서라고 말씀하시는 것입니다.

회개는 누가 할 수 있을까요? 죄 많은 사람만 할 수 있는 것입니까? 그렇지 않습니다. 회개는 하나님의 영광의 낯빛을 보는 사람이 할 수 있습니다. 환한 태양빛 앞에서는 작은 먼지도 도드라져 보이지요. 마찬가지로 하나님의 거룩하신 영광 속에 들어갈 때 우리의 추악한 죄들이 낱낱이 드러납니다. 그래서 우리는 주님 앞에 나아갈 때 회개해야 합니다. 악한 길, 하나님이 기뻐하시지 않는 모든 길에서 돌아서야 합니다.

이렇게 회개하는 사람은 주님 앞에 민감하게 자신을 들여다볼 줄 아는 사람입니다. 시편에서 다윗이 그 마음을 이렇게 표현합니다.

"하나님이여 나를 살피사 내 마음을 아시며 나를 시험하사 내 뜻을 아옵소서 내게 무슨 악한 행위가 있나 보시고 나를 영원한 길로 인도하소서" 시 139:23-24

다윗은 온 열방의 칭찬과 존경을 한 몸에 받았던 사람입니다. 하나님 앞에서 꼭 맞게 살았던 사람, 그 다윗이 오늘 간절한 마음으로 하나님 앞에 기도합니다.

"주님, 내 마음을 들여다보시고 내 마음에 혹시라도 악한 것이 있다면 가르쳐 주십시오."

우리가 매일 드려야 할 기도가 바로 이런 기도입니다. 지금 우리는 어떻습니까? 하나님이 기뻐하시는 길로만 걷고 있습니까? 아니면 돌이켜야 할 길을 걷고 있습니까? 지금 나를 지켜보시는 하나님의 얼굴을 가만히 상상해 봅시다. 주님의 표정이 어떻습니까? 행복한 미소를 짓고 계십니까? 그러면 잘 살고 있는 것입니다. 혹시 주님이 나를 바라보시면서 '저렇게 살아서는 안 되는데' 하며 안타까워하십니까? 그렇다면 그 길에서 일어나 돌이켜야 합니다.

▌우리가 기도할 때 하나님이 이 땅을 고치십니다

하나님은 마음을 낮추고 겸손히 나오는 사람, 간절히 그 얼굴을 구하는 사람, 악에서 떠나 돌이키는 사람에게 응답하신다고 말씀하셨습니다. 그렇다면 어떻게 응답하실까요?

"이제 이곳에서 하는 기도에 내가 눈을 들고 귀를 기울이리니… 내 눈과 내 마음이 항상 여기에 있으리라" 대하 7:15-16

첫째, 하늘의 문을 여시고 우리 기도에 귀를 기울이시겠다고 말씀합니다. 하나님은 저 멀리 계신 분이 아닙니다. 나와 함께하시고 내 신음과 눈물로 드리는 기도를 들으십니다. 우리가 기도하는 이유, 응답을 확신할 수 있는 이유가 바로 여기에 있습니다.

하나님이 귀를 바짝 세우시고 우리 기도를 들으시는 이유가 무엇입니까? 우리가 주님이 사랑하시는 백성이기 때문입니다. 주님은 사랑하는 백성의 기도 소리를 듣기 원하십니다. 하나님과 함께 영적으로 교제하는 것은 우리도 행복하지만 하나님도 기다리시는 일입니다.

가끔 자녀가 화가 나면 뭐라고 합니까?

"아빠 엄마는 왜 내 말을 안 들어?"

부모도 마찬가지입니다.

"너야말로 왜 내 말을 안 듣니?"

왜 이런 말을 하는 걸까요? 서로가 서로의 말에 귀를 기울이지 않아서 그렇습니다. 그런데 하나님이 나 같은 죄인의 소리, 허물진 사람의 기도에도 귀를 기울이시겠다고 합니다. 때로는 우리가 겉으로 드러내지 못하는 아픔이 있습니다. 밤잠을 설치며 베개를 눈물로 적셔야 하는 고통도 있습니다. 그런데 하나님이 그런 우리를 아신다고, 우리 기도를 들으신다고 말씀합니다.

2018년 2월, 중국은 새로운 종교법을 발휘했습니다. 예배당을 폭파시키고 많은 기독교 지도자를 추방했습니다. 지하 교회가 다 불법 종교단체가 되었습니다. 저 역시 지난 20여 년 간 중국 사역을 해 왔는데, 많은 변화가 생겼습니다. 이제는 이전처럼 그룹으로 모이는 것이 어려워졌습니다. 그래서 제가 장소를 정하면 그곳 성도들에게 찾아오도록 부탁했습니다. 그러면 성도들은 몇 시간씩 다양한 교통 수단을 이용해 그 먼 곳까지 찾아왔습니다. 만나거나 대화를 나누는 것도 쉽지 않기 때문에 성도 한 사람 한 사람을 따로 불러 조심스럽게 세워 나가는 시간이었습니다.

중국 교회의 가장 어려운 점은 더 이상 예배당을 렌트할 수 없다는 것입니다. 만일 건물주가 임대를 하다가 걸리면 2-20만 위안을 벌금으로 물어야 합니다. 1년에서 10년 급여에 준하는 금액입니다. 그러다 보니 소그룹이 각자의 집에서라도 모이려고 애를 씁니다. 문제는 그 많은 그룹을 맡아 양육해 줄 만한 목회자가 부족하다는 것입니다. 그래서 각 그룹에서 순장을 뽑기 위해 성도들 인적사항을 모았더니 그 일로 직장에서 불이익을 당하는 성도가 생겼습니다. 제가 가르치던 중국 명문 대학 제자는 해직을 당하는 아픔을 겪기도 했습니다. 제가 아는 목사님 한 분은 교회 성도들 명부는 개인 정보이기 때문에 넘길 수 없다고 버티자, 정부 관계자가 "언제까지 버틸 수 있을지 지켜보지요" 하더랍니다. 이런 핍박 속에서 신앙생활을 이어 가고 있는 성도들의 심정이 어떨지 상상조차 어렵습니다.

중국 성도들은 지금 이 상황을 기도로 이겨 내야 한다고 말하며 더욱 기도의 불을 지피고 있습니다. 하나님이 옥석을 가려내는 시간이라고 말하기도 합니다. 중국 교회가 이 시련을 이겨 내고 나면 반드시 정금 같이 변화되어 하나님께 영광을 올려 드릴 날이 올 것이라고 말입니다. 이런 이야기를 들으면 하나님께 너무도 감사합니다.

많은 사람이 말합니다. 중국 교회가 과연 이 핍박을 이겨 내고 견딜 수 있을 것인가? 그러나 우리는 전혀 다르게 말합니다. "중국 교회가 지금의 핍박을 이겨 내고 일어나면 하나님께서 세계 선교에 반드시 귀하게 쓰실 것"이라고 말입니다. 그렇게 말할 수 있는 이유는 바로 약속의 말씀이 있기 때문입니다.

"내가 하늘에서 듣고 응답하리라. 내가 하늘의 문을 열고 너희의 눈물의 기도에 응답하리라."

둘째, 하늘에서 듣고 우리 죄를 사하시겠다고 말씀합니다. 하나님이 우리에게 주실 수 있는 최고의 선물이 있다면 용서입니다. 죄를 용서받는다는 것이 어떤 의미인지 헤아릴 수 있습니까? 용서의 무게를 알기 위해 우리는 죄의 무게를 알아야 합니다. 죄가 무엇입니까? 하나님과의 관계를 다 무너뜨리는 것입니다. 사람 간의 관계를 다 흐트러지게하는 것입니다. 우리 삶 자체를 깨트리는 것이 죄입니다. 죄 때문에 고통을 당하고 죽음이 옵니다. 그런데 하나님은 그것을 사라지게 해 주겠다고 하십니다. 이 땅에서 살아도 기쁨을 누리고, 이 땅을 떠나면 영생의 삶을 누리게 해 주시겠다는 것입니다. 그 놀라운 은혜가 용서에들어 있는 하늘의 선물입니다.

제가 늘 강조하는 말이 있습니다. 구원을 받았으면 된 것입니다. 더이상 바랄 것이 무엇이고 애달파할 것이 무엇입니까? 지금 눈을 감아도 영원한 천국에서 눈을 뜰 수 있다면 된 것 아닙니까? 오늘 주님의용서에 감사할 줄 아는 성도가 되기를 바랍니다.

셋째, 그들의 땅을 고치겠다고 말씀하십니다. 여기에서 말하는 땅은단순히 토지를 의미하는 것이 아닙니다. 우리가 서 있는 모든 것이 다무너진 시대입니다. 이 죄악의 물결이 얼마나 빨리 인류에게 파급되었는지 모릅니다. 자연도 무너지고 사회도 다 무너졌습니다. 그런데 주님이 약속하십니다. 반드시 이 땅을 고치고 우리를 새롭게 하시겠다고 말입니다. 이 약속은 언제 이루어질까요? 우리가 하나님의 얼굴을 구하고 악한 길에서 떠날 때입니다.

지난 2019년 한미 기독교 지도자들이 워싱턴에 모였습니다. 한국의전직 장관들, 국회의원들, 미국의 장관들, 그 외에 많은 기독교 지도자

60여 명이 모였습니다. 이유는 한국과 미국을 위해, 전 세계 열방을 위해 간절히 기도하기 위해서였습니다. 세상 사람들은 이해 못 할 일입니다. 엄청난 비용을 들여서 어렵게 모이는 이유가 단 두 시간 기도하기 위해서라니요. 그러나 하나님을 아는 사람, 우리가 하나님 앞에 무릎을 꿇을 때 하나님이 역사하신다는 것을 믿는 사람에게는 이보다 더 고결한 일이 없습니다. 우리는 응답하실 하나님을 믿기에, 하나님의 언약의 말씀을 믿기에 겸손히 나아와 주님의 얼굴을 간절히 구했습니다. 이 땅을 고치겠다고 말씀하신 하나님의 약속을 믿고 기도했습니다.

우리가 무엇으로 이 세계와 나라와 가정과 교회를 일으키겠습니까? 우리가 할 수 있는 일은 일으키시는 하나님을 향해서 간절한 마음으로 기도하는 것입니다. 하나님을 믿는 믿음으로 겸손하게 주의 얼굴을 구하는 것입니다. 우리가 간절히 기도하며 나아갈 때 하나님이 약속하십니다.

"내가 그렇게 하겠다. 내가 세상을 고치겠다."

누가 이런 기도를 할 수 있겠습니까? 하나님의 마음을 아는 사람입니다. 주님도 우리와 얼굴을 마주하고 교제하기를 기다리신다는 사실을 아는 사람입니다. 역사의 주인이 하나님이심을 알고 그분 앞에 기도하는 사람입니다. 하나님이 이 시대 가운데 뜻을 이루실 때에 쓰임 받는 하나님의 사람 되기를 주의 이름으로 축복합니다.

주여, 승리의 깃발을 들게 하소서

_ 시편 60:1-12

참으로 어려운 시기를 지나고 있습니다. 제2차 세계대전 이후 가장 어려운 시기라는 말도 있습니다. 이런 때에 많은 성도님으로부터 연락이 옵니다. 그분들이 많이 하는 이야기가 있습니다. 평범하게 보였던 일상이 얼마나 소중한지 깨달았다는 것입니다. 예배당을 가득히 채우면서 예배하는 것이 얼마나 소중한 일인지, 형제, 자매가 미소로 인사하는 게 얼마나 기쁜 일인지 새삼 알게 되었다고 합니다. 어떤 이는 자녀에게 비로소 하나님의 말씀을 가르치게 되었다고 합니다. 새벽을 깨워 새롭게 기도하게 되었다고 합니다. 또 어떤 성도님은 교회 근처에 차를 세워 놓고 기도하는데 그렇게 눈물이 흐르더랍니다. 우리가 지금까지 누린 모든 것, 무엇 하나 그냥 주어진 것이 없다는 것을 알았다며 감사의 고백을 해 주었습니다.

온 세상이 바라는 것 한 가지가 있지요. 코로나 바이러스가 속히 지나가기를, 안정적인 백신과 치료제가 속히 개발되기를 바라고 있습니다. 그런데 과연 그런다고 해서 지금의 혼란이 속히 잠잠해질까요? 우리에게 참된 평안이 찾아오겠습니까? 이런 시기에 그리스도인으로서 우리가 해야 할 질문이 있습니다. '이때에 하나님께서 원하시는 것은 무엇인가?' 그리고 '그리스도인으로서 이 시기를 어떻게 대처하며 나아가야 할 것인가?' 하는 것입니다.

성경에는 우리와 같은 어려운 시기를 겪은 한 사람이 나옵니다. 다윗입니다. 전쟁 중에 사느냐 죽느냐의 갈림길에 섰던 다윗, 그는 어떻게 그런 상황에서 담대히 세상 앞에 섰을까요? 그는 어떻게 하나님께서 도우시는 승리를 맛보았을까요? 다윗을 살펴보면서 오늘 우리의 삶에 하나님께서 주시는 승리를 함께 나누고자 합니다.

▌어려움을 주신 분이 해결의 열쇠도 주십니다

시편 60편 말씀은 제목이 굉장히 중요합니다. 제목이 참 깁니다.

"다윗이 교훈하기 위하여 지은 믹담, 인도자를 따라 수산에둣에 맞춘 노래, 다윗이 아람 나하라임과 아람소바와 싸우는 중에 요압이 돌아와 에돔을 소금 골짜기에서 쳐서 만 이천 명을 죽인 때에"

물론 다른 시편에도 긴 제목이 있지만, 이 60편 제목이 유난히 깁니다. 이유가 있습니다. 지금 상황은 전쟁 중입니다. 다윗은 전쟁 중에 우리를 교훈하기 위해 이 말씀을 쓴 것입니다.

오늘날도 온 세상이 전쟁을 벌이고 있습니다. 총의 전쟁도 있고, 바이러스와의 전쟁도 있습니다. 우리도 다윗이 우리에게 주고자 하는 교훈을 받아야 하지만, 정말 이 교훈을 전해 줘야 할 사람이 있습니다. 우리의 자녀들, 바로 다음 세대입니다. 온 세상에 불어 닥친 이 위기를 하나님의 사람들은 어떻게 극복했는지, 신앙이 이 위기를 극복하는 데 어떤 역할을 했는지, 우리 자녀에게 남겨야 할 간증이 반드시 필요한 시대입니다. 그리고 각자의 자리에서 자녀와 함께 예배해야 합니다. 이럴 때일수록 하나님 앞에 나아가는 삶, 예배하는 삶 자체가 우리 자녀에게 최고의 교훈이 될 것입니다.

시편 60편에는 전쟁 중에 있는 다윗의 마음, 하나님을 향한 절박한 심정이 잘 나와 있습니다. 이 다윗의 마음을 보면 하나님이 어떤 분이신지, 위기 앞에서 그리스도인이 어떻게 해야 하는지 알 수 있습니다. 이스라엘 백성은 지금 위기에 빠져 있습니다.

"하나님이여 주께서 우리를 버려 흩으셨고 분노하셨사오나 지금은 우리를 회복시키소서 주께서 땅을 진동시키사 갈라지게 하셨사오니 그 틈을 기우소서 땅이 흔들림이니이다 주께서 주의 백성에게 어려움을 보이시고 비틀거리게 하는 포도주를 우리에게 마시게 하셨나이다" 시 60:1-3

다윗이 고통스럽게 외치고 있는 민족의 위기가 바로 지금 우리가 겪

고 있는 모습과 같지 않습니까? 주께서 우리를 흩으셨습니다. 하나님
의 백성이 예배당에 나오지 못하고 흩어져서 예배하고 있습니다. 한번
은 열 살 아이가 "나는 어떤 상황에서도 하나님 앞에 예배하겠다"며 교
회에 나왔는데 예배당 문을 열어 주지 못하고 돌려보내야 했습니다. 사
랑하는 공동체 순원들도, 부서원들도 함께 예배하지 못하고 있습니다.
결혼식 주례로 초청을 받았지만 모이지 못하는 바람에 영상으로 함께
해야 했습니다. 그뿐입니까? 언제 다시 정상화 될지 알 수 없는 비즈니
스. 부모님이 아프신데도 심지어 돌아가셨는데도 가 보지 못하는 현실.
다윗이 이야기한 대로 "주께서 우리를 버려 흩으셨고"가 우리의 모습
아닙니까?

　이런 처절한 현실에서 다윗이 하나님 앞에 간절히 기도합니다.

　"주님, 이제는 우리를 회복시켜 주십시오. 하나님께서 땅을 흔들어
갈라지게 하셨습니다. 그 틈을 기워 주십시오."

　인생을 살다 보면 곧고 평탄한 길만 있는 것이 아니지요. 굴곡지고
거친 길들을 얼마든지 만납니다. 다윗이라고 예외는 아니었습니다. 그
런데 이런 어려움을 다윗과 같이 사랑하는 자녀에게 주신다는 것은 이
해하기 쉽지 않습니다. 다윗의 삶을 보세요. 사무엘하 8장에 보면 "다
윗이 어디로 가든지 여호와께서 이기게 하시니라"(6절) 하셨고, 신약
에서는 "다윗을 왕으로 세우시고 증언하여 이르시되 내가 이새의 아
들 다윗을 만나니 내 마음에 맞는 사람이라 내 뜻을 다 이루리라"(행
13:22)라고 하셨습니다. 만사형통할 것만 같은 인생, 그가 다윗이었습
니다. 그러나 시편 60편의 다윗은 전혀 다른 모습입니다. 그는 땅을

갈라지게 하신 하나님께 고통스럽게 절규하고 있습니다.

위기를 만나면 사람들의 반응이 비슷하게 나타납니다. 절망하거나 낙심하기도 하고 "하나님, 제게 왜 이러십니까?" 하면서 원망하기도 합니다. 내가 주인으로 살아가는 사람은 인생이 내 생각처럼 펼쳐지지 않을 때 이렇게 반응하는 것입니다. 그러나 다윗은 달랐습니다. 그는 하나님께 "왜 이러십니까?" 하지 않았습니다. 다윗은 환난과 위기가 닥치자 하나님 앞에 어떻게 나가야 할지 자기 자신을 돌아보았습니다. 주님 앞에 긍휼을 구하면서 기도하며 나아갔습니다. 이런 어려움을 주신 분이 하나님이시라면 해결의 열쇠를 주실 분도 하나님이시라는 것을 믿었기 때문입니다. 그랬기에 다윗은 간절한 마음으로 부르짖었습니다. 회복시켜 달라고, 갈라진 땅을 기워 달라고 기도했습니다. 다윗은 이 문제의 해결이 하나님의 손에 있다는 것을 알았습니다. 전쟁의 진정한 승리는 싸움에서 이기는 것이 아니라 하나님 앞에 서는 것이라는 사실을 알았습니다.

온 세상에 불어닥친 코로나가 참 많은 것을 생각하게 합니다. 세계적으로 비상사태를 선포하자 미국 국민은 줄을 지어서 물건을 사러 마트를 찾았습니다. 얼마나 많은 사람이 총을 새롭게 사들였는지 물건이 동났다는 마음 아픈 얘기도 들었습니다. 과연 그런다고 나와 내 가정이 안전해질까요? 평강이 찾아오겠습니까? 다윗의 고백을 볼까요?

"우리를 도와 대적을 치게 하소서 사람의 구원은 헛됨이니이다" 시 60:11

"사람의 구원"이 무엇입니까? 사람의 노력, 사람의 능력, 사람의 재능, 사람이 하는 준비나 전략은 전부 헛되다는 것입니다. 다윗은 한 나라의 왕이었고 능력과 재능을 가진 사람이었습니다. 그러나 그는 사람이 주는 모든 구원은 헛될 뿐이고, 오직 하나님만이 우리를 지켜 주실 수 있다는 사실을 깨달았습니다.

그리스도인이라고 코로나가 비켜갈 리 없습니다. 그러나 신앙인은 이런 위기 앞에서 남들과 달라야 합니다. 상황을 다르게 볼 줄 알아야 합니다. 있는 그대로의 상황만 볼 것이 아니라 그 속에서 하나님이 뭐라고 하시는지 신앙적 시각으로 해석할 수 있어야 합니다. 사람들은 코로나 바이러스가 지나가면 안전한 세상이 올 것이라고 기대합니다. 정말 그렇게 될까요? 진정한 평강과 기쁨은 예수님 안에 있습니다. 세상이 아무리 변해도 줄 수 없는 것입니다.

오늘날 기술의 발달로 인간이 달을 정복하고 온 우주를 누빈다고 해도 먼지보다도 작은 바이러스 하나에 이렇게 무너지는 것이 연약한 우리 인생입니다. 하나님이 무엇을 깨닫길 원하실까요? 이렇게 연약한 우리 모습을 바로 보라는 것입니다. 아무것도 아닌, 먼지 같은 우리를 창조주 하나님께서 당신의 형상대로 고결한 피조물로 만드셨다는 것, 이런 우리를 지극히 사랑하셔서 생명을 주신 예수님이 계시다는 것, 그 주님을 바르게 알라는 말씀입니다. 지금까지 베풀어 주신 하나님의 은혜가 얼마나 큰지, 오늘까지 살아온 모든 순간이 소중한 하나님의 은혜라는 것을 바르게 알라는 말씀입니다.

위기의 때, 하나님께서 주시는 말씀을 가슴에 새겨야 할 것입니다.

십자가 승리가 있기에 우리는 이미 이겼습니다

위기의 상황 속에서 다윗은 하나님 앞에 긍휼을 구하며 주의 은혜를 간구합니다. 다윗이 구한 그 긍휼을 우리도 주님 앞에 함께 구해야 합니다. 이렇게 기도해야 합니다.

"하나님이여, 우리를 긍휼히 여기소서. 온 세상이 코로나 바이러스로 아파하고 있습니다. 하나님 당신의 형상으로 만드신 고결한 창조물이 그칠 줄 모르는 탐욕과 끝없는 교만으로 당신을 대적합니다. 인류는 인간의 능력으로 하나님 없는 천국을 만들고자 달려왔습니다. 달나라를 정복하고 기고만장하던 인간이 먼지보다 작은 바이러스 하나에 티끌같이 스러져 가고 있습니다. 주여, 우리의 연약함을 보시고 다함이 없는 하나님의 사랑으로 긍휼을 베푸소서. 우리는 본래 주님을 닮은 피조물입니다. 전쟁은 주님의 손에 있기에 전능자 앞에 간구합니다. 우리를 무너뜨리는 적들의 손에서 건져 주옵소서. 주님의 강한 오른팔로 사랑하는 백성을 붙드시고 마침내 당신의 영광을 위하여 노래하게 하옵소서."

다윗은 전쟁 중에 담담하게 나아갑니다. 죽느냐 사느냐의 갈림길에서도 이렇게 주님 앞에 담담하게 나아가는 이유가 무엇일까요? 다윗에게는 하나님이 하신 언약을 믿는 확실한 믿음이 있었습니다.

"… 내가 세겜을 나누며 숙곳 골짜기를 측량하리라 길르앗이 내 것이요 므낫세도 내 것이며 에브라임은 내 머리의 투구요 유다는 나의 규이며" 시 60:6-7

현재 모습이 아무리 위태롭더라도 이 땅은 내 땅이라고, 네게 주겠다 약속한 내 땅이라고 외치시는 하나님. 이 말씀은 곧 전쟁에서 승리할 수밖에 없다는 말씀입니다. 다윗은 하나님의 말씀을 그대로 믿었습니다.

하나님의 이러한 음성이 오늘을 살아가는 사랑하는 자녀들에게 하시는 말씀 같지 않습니까? 우리 삶이 생각처럼 펼쳐지지 않는다고 하더라도 담대하게 설 수 있는 이유가 여기에 있습니다. 현상을 바라보는 것이 아니라 그 너머에 있는 하나님의 약속을 바라보기 때문입니다. 그것이 믿음입니다. 과거부터 이제까지 우리를 인도해 주신 에벤에셀의 하나님, 지금 우리와 함께하시는 임마누엘의 하나님, 앞으로 우리 삶을 인도해 주실 여호와 이레의 하나님. 현실을 바라보는 것이 아니라 그 하나님의 이름을 바라볼 때 어떤 상황 속에서도 새 힘을 낼 수 있습니다. 마침내 승리를 주시는 하나님을 믿기 때문에 그리스도인에게는 해야 할 일이 있습니다.

"주를 경외하는 자에게 깃발을 주시고 진리를 위하여 달게 하셨나이다(셀라)" 시 60:4

깃발을 단다는 것은 내가 어느 분대에 소속되어 있는가를 밝히는 것입니다. 즉 진리를 위해 단 깃발은 '나는 하나님의 군대'라는 것을 밝히는 것입니다. 나는 어떻습니까? 예수 그리스도의 군대에 속했다는 것을 확실하게 믿고 선포합니까? 그 깃발을 자랑스럽게 여기며 들고 있습니까? 사랑하는 자녀에게 너희는 하나님께 속한 사람이라고, 하나님의 군대로서 세상에 당당하게 서라고 가르치고 있습니까? 군대가 깃발을 달 때 반드시 지켜야 하는 무언의 약속이 있습니다. 한 깃대에 두 가지 깃발을 꽂아서는 안 된다는 것입니다. 우리가 정말 하나님께 소속되어 있는 군대라면 예수 그리스도의 깃발 하나만 꽂고 가야 합니다. 세상 깃발, 내 정욕의 깃발, 명예의 깃발은 뽑아 내야 합니다. 그리스도의 군대는 오직 예수의 십자가 깃발을 꽂고 겸손하지만 당당하게 세상 앞에 나아가야 합니다.

깃발을 든다는 것은 승리의 상징이기도 합니다. 올림픽 육상경기를 보면 1등을 한 선수가 자국의 국기를 온몸에 휘감거나 깃발을 들고 마지막 트랙을 돌며 사람들에게 기쁨을 나눕니다. 2002년도에 열렸던 한일 월드컵을 기억합니까? 우리나라의 선전도 너무나 멋있었지요. 그런데 저는 브라질과 독일의 경기가 기억에 남습니다. 당시 브라질이 독일을 상대로 우승을 거머쥐었습니다. 그때 브라질 선수들이 내건 깃발이 뭔지 아십니까? 그들이 입고 경기했던 유니폼이었습니다. 유니폼을 벗자 그 안의 티셔츠에 눈에 띄는 문구가 적혀 있었습니다.

"나는 예수께 속한 사람입니다(I belong to Jesus)."

"나는 주님을 사랑합니다(I love Jesus)."

전 세계 사람들이 다 지켜보는 가운데 그들은 그 자리에 무릎을 꿇고 하나님께 기도했습니다. 그 순간 그들이 든 깃발은 스스로 예수께 속한 진정한 군사임을 강하게 선포한 것이었습니다. 그 깃발은 자신들의 승리가 아니라 예수 그리스도의 승리의 영광을 찬양하는 것이었습니다. 실제 전쟁에서는 이겨야 깃발을 휘두릅니다. 그러나 예수 그리스도의 군대는 이미 이긴 싸움에 동참하는 것입니다. 예수께서 십자가를 이기고 부활하셔서 영원한 생명을 주셨기에 우리의 모든 싸움은 이미 승리한 싸움입니다. 따라서 그리스도인이 휘두르는 깃발은 승리의 깃발입니다.

오늘도 우리는 여전히 여러 가지 영적 싸움에 처해 있습니다. 그리스도인이 되는 순간부터 우리는 주님을 대장으로 모시고 영적 전투에 참여한 것입니다. 그리스도인의 싸움은 두 가지밖에 없습니다. 한 가지는 주님이 오시는 날까지 이 땅에 복음을 선포하고 피 흘리며 싸우는 것입니다. 또 다른 한 가지는 만약 우리가 살아 있을 동안 주님이 오시지 않는다면 피 묻은 깃발을 다음 세대에 물려주는 것입니다. 다음 세대는 주님이 오실 때까지 또 그 피 묻은 십자가 깃발을 들고 생명을 바쳐서 싸울 것입니다. 그것이 이 땅에 살아가야 할 우리의 사명이자 목적이요, 가장 영광스러운 부름을 받은 인생입니다.

그 사이에 우리에게 곧고 평탄한 길도 열리겠지만 굽고 거친 길도 열릴 것입니다. 때로는 하나님께서 우리의 삶을 흩어지게 하실 것이고, 때로는 가슴 아프게 넘어지게 하실 것이며, 때로는 땅이 갈라지는 아픔을 겪어야 할 때도 있을 것입니다. 그러나 한 가지 확실한 것은 우리는 이미 이긴 싸움에 동참하는 하나님의 백성이라는 사실입니다. 하나님께서 부르시는 그날까지 우리에게 주어진 싸움을 힘껏 싸워 나갑시다. 그것이 진정한 승리자의 삶입니다.

▍예수님의 군대답게 십자가의 깃발을 높이 듭시다

우리 교회에 오랜 세월 암과 투쟁하고 있는 집사님이 계십니다. 얼마 전에 장문의 문자 메시지를 보내왔습니다. 참 많은 생각을 하게 하는 내용이었습니다.

"목사님들과 수많은 성도님의 기도 속에 사랑을 받아 온 제가 그 기도의 응답으로 머지않은 때에 더 이상 고통 없는 곳, 주님이 기다리시는 곳으로 가게 되었습니다. 치료를 더 이상 하지 않고 내 사모하는 주님께 가기로 마음을 결정했습니다. 지난 4년 반 동안 세 번의 항암 치료를 하면서 생명을 연장시켜 주신 하나님께 감사드리며, 이제 남은 삶을, 이 땅에서의 소풍을 아름답게 마무리하고 싶습니다. 앞으로 남은 시간을 3개월로 예상하지만, 그것 또한 주님의 부르시는 때에 따라 달라질 테니 그때를 기대하고 기다리며 마지막 소풍을 즐기겠습니다. 죽기 전 마지막으로 온라인 예배가 아니라 직접 교회에 나가 예배하고 싶습니다. 기도해 주십시오."

그 주 주일, 잠시 집합 제한이 풀려 집사님은 힘겨운 몸을 이끌고 교회에 나와 예배를 드렸습니다. 그 후에 다시 집합 제한이 된 것을 보면 이 또한 하나님의 은혜였습니다. 하루는 믿음이 신실한 담당 의사가 새로운 약이 있으니 한 번 더 하나님 앞에 기도하며 싸워 보자고 제안해 주었답니다. 집사님은 하나님께서 주시는 마음이라 여기고 다시 한번 치료를 시작했습니다. 집사님 부부는 잠자리에 들 때마다 이렇게 인사한다고 합니다.

"여보, 천국에서 만납시다. 내일 하나님이 한 날을 허락해 주신다면 감사할 것이고, 그렇지 않다면 하나님 앞에서 만납시다."

매일의 삶에 보장된 것이 없습니다. 고작 눈에 보이지도 않는 바이러스 하나로 우리가 예배당에 모이지 못하게 될 줄 누가 상상이나 했겠습니까? 내일 동녘 하늘에서 아름다운 햇살을 볼 수 있는 것은 하나님께서 허락하셔야 가능한 일입니다. 하나님께서 그 새로운 한 날을 허락해 주신다면 우리는 감격 속에 살아갈 것이고, 언젠가 인생이 멈추는 날 우리는 천국에서 눈을 뜨게 될 것입니다. "천국에서 만납시다"는 생명을 연장받아야만 또 하루를 살 수 있는 우리가 매일 해야 할 인사가 아닐까요?

내 인생이 하나님 손에 들려서 하나님 앞에서 살아가고 있습니까? 어떤 상황 속에서도 하나님 앞에서 살아가고 있다면, 하나님께 시선이 고정된 사람이라면 당신은 이미 영적 승리를 거둔 하나님의 군사입니다. 전쟁 중이거나 극심한 병환 중에도 좌절하거나 낙심하지 않고 담대할 수 있는 이유가 바로 여기에 있습니다. 상황이 어떠하든 나와 함께하고 계신 분이 누구신지를 알기 때문에 우리는 세상 앞에, 환난 앞에 담대할 수 있습니다. 하나님이 함께하신다면 우리는 이미 승리를 보장받은 사람입니다. 예수 그리스도의 승리에 동참한 군사들이기 때문입니다. 우리가 할 일은 예수님의 군대답게 주님께서 주신 십자가의 깃발을 높이 들고 주님과 함께 당당하게 살아 내는 일입니다. 하나님의 군사만이 할 수 있는 고백을 다윗은 힘차게 외칩니다.

"우리가 하나님을 의지하고 용감하게 행하리니 그는 우리의 대적을 밟으실 이심이로다" 시 60:12

하나님을 절대적으로 의지하고 달려갔던 다윗, 그가 이렇게 할 수 있었던 이유가 무엇입니까? "너는 내 것이다. 어떤 상황이 펼쳐져도 너는 내 것이다. 이미 승리한 싸움에 영광스럽게 동참하라" 말씀하시는 하나님을 알았기 때문입니다. 하나님께서 행하실 위대한 승리를 기대하면서 승리의 찬가를 하나님 앞에 올리고자 합니다.

주여, 승리의 깃발을 휘날리게 하소서

류응렬

봄은 저토록 화사한 벚꽃 향기로 곁에 왔는데
우리 마음은 여전히 겨울바람에 흔들리고 있습니다.
두려움의 그림자로 덮인 땅에서 하나님의 언약을 기억합니다.
"내가 세상 끝 날까지 너희와 항상 함께 있으리라."

푸른 하늘을 마음껏 노래하는 새들을 바라보며 기도합니다.
진흙을 빚어 사람이 되게 하신 창조주 하나님을 경외하게 하시고
죄악으로 얼룩진 우리를 사랑하신 예수님을 기억하게 하시고
하나님의 영광을 위해 사는 것이 가장 영예로운 인생이며
하나님이 기뻐하는 삶이 진정한 승리임을 알게 하소서.

아픔과 절망이 뒤덮인 땅에서 하늘을 향해 노래하리니
우리는 오직 하나님을 의지하고 담대하게 나아갈 것입니다.
하나님이 사랑하는 백성에게 승리의 찬가를 부르게 하실 그날까지
주님의 이름을 위하여 깃발을 날리게 하소서.
주님이 주시는 승리의 깃발을 날리게 하소서.